JN060831

楽しいクラスづくりの法則①

面白レク&学習ゲーム 55選

平山 靖 編著
イラスト 辻野裕美

学芸みらい社
GAKUGEI MIRAISHA

まえがき

　子どもたちが熱中する遊び・授業をいくつも知っていたい！

　かけだしの教師の時、力のある先輩たちは休み時間にも子どもたちを楽しく遊ばせていました。
　その先生の教室からは、授業中でも子どもたちの笑い声が聞こえてきました。
　こういう先輩方に少しでも近づきたい。
　とても憧れました。

　学習ゲームやレクは不思議です。
　教室で実践すると、子どもたちが熱中します。
　楽しみながら自然と学習できてしまうのです。
　ゲームや遊びは、１回で終わりなのではなく、何度も繰り返しできる、という点で子どもが熱中するのだと思います。
　楽しく繰り返すからいつの間にか子どもたちは学習してしまうのです。
　学習ゲームを知るたび、教室で実践してきました。

　学習ゲームやレクはいつの間にか子どもたちが学習していくと同時に、友達との交流も生まれます。
　楽しい時間を友達と過ごすことで、クラスの仲もよくなっていくからでしょう。

もちろんゲームですからトラブルもあります。

　ただ、それを即座に処理し、クラスとしてルールを作っていけばさらに成長していく機会になるのです。

　ルールを守れなかった子も少しずつ守れるようになっていきます。

　友達との交流が苦手だった子も、接し方を身につけるようになっていきます。

　道徳で学んだことを行動にうつすこともできるようにもなります。

　学習ゲーム・レクには素晴らしい力があります。

　この本は、執筆者が腹の底から「やってよかった！」「子どもたちの知識が定着した！」と自信をもっておすすめするものを厳選しています。

　新教科書対応・新指導要領にも対応した、おすすめのレク・学習ゲーム集となりました。

　クラスを成長させるための手だても載せています。

　1回目、2回目以降盛り上げるポイントもあり、スモールステップで実践できるようにしました。

　楽しくクラスを成長させてまいりましょう！

平山　靖

目次

I ルールを守れる子どもたちに成長！ 熱中！
休み時間遊び・体育ゲーム16選

II 1人ぼっちをつくらない！ おすすめ
人間関係づくりゲーム7選

III 学級モラルがスーッと向上！
道徳ゲーム5選

IV 新教科書と連動！ 楽しく知識を定着させる
算数科面白ゲーム5選

V 新教科書と連動！ 楽しく知識を定着させる
国語面白ゲーム9選

VI 新教科書と連動！ 楽しく知識を定着させる
社会科面白ゲーム5選

Ⅶ 新教科書と連動！ 楽しく知識を定着させる
理科面白ゲーム３選

Ⅷ 新教科書と連動！ 楽しくアルファベットを定着させる
英語面白ゲーム５選

ルールを守れる子どもたちに成長！ 熱中！

休み時間遊び・体育ゲーム16選

1 どろけい

対象 1～6年	所要時間 15分	場所 校庭	準備物 なし

どろぼうをつかまえろ～

そのまま説明基本ルール

① どろぼうとけいさつに分かれます（どろぼう：けいさつ＝3：1程度）。

② 牢屋の場所を決めます。けいさつは牢屋の中に入ることはできません。

③ どろぼうは捕まったら牢屋に入ります。

④ 捕まっていないどろぼうが、牢屋の中のどろぼうにタッチすると、捕まっていたどろぼうはまた逃げることができます。

⑤ 時間内（休み時間終了のチャイムが鳴るまで）にどろぼうが誰か逃げ切っていたら、どろぼうの勝ち。全員捕まえたらけいさつの勝ちです。

⑥ まずやってみましょう。「わからないな？」というところや「これズルかな？」と思うところがあったら最後に発表してくださいね。ルールを確認していってクラスで楽しく遊べるようになるのがゴールです。

　１回やってみて、うまくいかなかったところがあったらクラスで話し合うことが大事です。教室に帰ってからか、校庭で確認し「どういうルールを追加すれば良いかな？」と聞き、考えさせ、教師がまとめます。よく出されるものは下記です。

(1)　**タッチされたのにされていない、と言う（逆も）**

　　→服も体の一部。タッチされたらけいさつに従います。どうしても意見が食い違ったらじゃんけんをしましょう。

(2)　**牢屋の周りにけいさつが多くて助けられない**

　　→牢屋の周りのけいさつは４人までです。

(3)　**牢屋から出てタッチされたのに逃げる**

　　→やらないようにします。どうしても意見が食い違ったらじゃんけんをしましょう。

(4)　**勝手に牢屋から逃げる**

　　→やらないようにします。どうしても意見が食い違ったらじゃんけんをしましょう。

――― 子どもたちを育てる応用・発展のポイント ―――

　ルールを増やして、トラブルなく楽しめるようになってくると、さらに応用ができます。けいさつが宝物を隠して、どろぼうが見つけたら、どろぼうの勝ち、というものも追加できます。あくまでトラブルなく、基本的なルールで楽しめるようになってから応用して遊ぶことをおすすめします。

2 3色おにごっこ

対象 1〜6年　所要時間 15分　場所 校庭　準備物 ラインカー、赤白帽子

そのまま説明基本ルール

① 3チームの人数が均等になるように分かれます（赤、白、帽子無し）。

② 赤は白を捕まえます。白は帽子無しを捕まえます。帽子無しは赤を捕まえます。

③ ラインカーで円を描き、各チームの陣地を作ります。自分の陣地の中にいる間はタッチされません。安全地帯です。その代わり、円の外にいる人にタッチをして捕まえることもできません。

④ 捕まったら、相手の陣地に入ってください。

⑤ 相手の陣地にいる仲間にタッチできれば、その友だちは復活することができます。

⑥　どこかのチームが全滅したら終了です。残りの2チームの勝利です。

2回目以降の工夫

　次のルールを付け加えるともっとふれあいが多くなります。

⑴　相手陣地につかまってしまった人が2人以上いるとき、手をつないで数珠つなぎのように長くなることができます。

⑵　その列のだれかがタッチされたら手をつないでいた人みんなが逃げることができます。

　このルールで起きやすいトラブルの1つが、陣地に足を突っ込んでいる子へのタッチです。円の中にいる子どもがタッチをするので、陣地に足を入れている子が逃げられないのです。それに気づくと、子どもたちから意見が出てきます。そこで円の中にいる子は相手をタッチしてはいけない、というルールを作っていくと良いでしょう。

── **子どもたちを育てる応用・発展のポイント** ──

　はじめのころは男女で手をつなぐことを恥ずかしがる子もいますが、何度も繰り返していくと自然と手をつなげるようになっていきます。終わった後に「自然と手をつないで一緒に遊べるなんてとっても良いクラスだよね」「男女仲の良いクラスはとっても良いクラスの証拠だよ」ということを教えてあげることがポイントです。

　そうして手をつなげていた子たちをほめていきます。仲の良いクラスを作ってくれているね、ということをほめるのです。そうすると手をつなげる子が増えていきます。

3 こおりおに

対象 1～6年　**所要時間** 3～5分　**場所** 校庭、体育館　**準備物** 赤白帽子

そのまま説明基本ルール

① 鬼チームと逃げチームに分けます。

※鬼はクラスの4分の1程度の人数で構いません。

② 鬼にタッチされたらカチンコチンに凍ります。動いてはいけません。

③ 凍ったら凍ったことがわかるように手を胸の前でバッテンにしておきましょう。

④ 仲間にタッチされたら凍りが解けてまた逃げることができます。

⑤ 決めた時間内に鬼が全員を捕まえたら鬼チームの勝ち。逃げ切った人が1人でもいたら逃げチームの勝ちです。

2回目以降の工夫

⑴ **助けている子をたくさんほめる**

「〇〇さんはたくさん助けていたね！何人を助けたのかな？」などと聞いて「お助けチャンピオンだね！」とほめてあげましょう。また「〇〇君は助けて〜！」って叫

んでいたよね！ わかりやすくて良いよね！」とほめてあげましょう。もっともっと盛りあがります。

(2)　**助けるときには2人組で「レンジでチン」**

　　レベルを上げたいときには次のルールを加えます。

①　みんなが上手になってきたので、助けるときには2人組で助けるようにします。

②　2人で凍った子の上で手をつないで、「レンジでチン」と言いながらつないだ手を下におろして氷を解かすようにします。そうしたらまた逃げられるようになります。

　このようにすることで手をつなぐ必要が出てきます。そこで、「友だちを助けられた人！ すごいなぁ！ 難しかったよね！」とほめてあげましょう。さらに「男女で手をつないで助けた人！ えらい！ クラスがもっと仲良くなるね！ 男女仲の良いクラスは良いクラスだよ！」とクラスづくりの観点でもほめてあげましょう。

たすけて〜

たすけるよ！

―――――**子どもたちを育てる応用・発展のポイント**―――――

　この発展で「バナナおに」という鬼ごっこもあります。ふれあいをどんどん推奨していくことで仲の良いクラスになっていきます。ふれあいをたくさんほめましょう。

①　タッチされたら上の絵のようにバナナになります。

②　逃げの子が手で「むき、むき」してあげたら逃げることができます。

4 しっぽとり

そのまま説明基本ルール

① 2人組を組みましょう。組んだら座りましょう。

② 帽子（ハチマキなど）をズボンの後ろに挟み込みます。

③ 右手で、相手の手首を握るように手をつなぎましょう。

④ 手を離さないようにして、左手で相手の帽子を取りましょう。

⑤ 勝負が終わったら、次の相手を探しましょう。

2回目以降の工夫

「しっぽとり」から「しっぽとりおに」につなげていきましょう。

⑴ 「しっぽとり」を、鬼ごっこにしてみます。もちろん手はつなぎませんよ。

⑵ 取られた人も取ってOKです。○分間の間にたくさんの人のしっぽを取った人が勝ちです。

14

子どもたちを育てる応用・発展のポイント

　「しっぽとりおに」は様々なスポーツのウォーミングアップの運動に使うことができます。例えばタグラグビーの指導では、次のようにルールを変えます（クラスの人数が30人の場合）。

① 　出席番号1〜6の人がボールを持って逃げます。
② 　ボールを持っている人のタグを取ったら、その場で止まり、大きな声で「タグ！」と言い、逃げている人に知らせましょう。
③ 　ボールを持っている人は、タグを取った人にボールを渡しましょう。
④ 　タグを取った人はボールを持っていた人に手渡しでタグを返しましょう。
⑤ 　新しくボールを持った人は逃げることができます。

　これを1分程度やったら笛を鳴らします。その後出席番号7〜12番の子にボールを持たせて逃げさせます。

　このように1分で次々交代しながら活動させます。

　そうすることでどの子も一度はボールを持って全力で逃げる体験ができます。

5 Sケン

対象 1～6年　所要時間 15分　場所 校庭　準備物 ラインカー、赤白帽子

そのまま説明基本ルール

① 　上の絵のように地面に大きなS字と島の円を描きます。

② 　両陣の奥に宝物を置き、それに触られたら負けです（置かずに線を引き、そこを踏めば良い、というルールでも良いです）。

③ 　人数が同じになるように、赤と白のチームに分かれて自分の陣地に入ります。

④ 　スタートしたら相手の陣地を攻めます。自分の陣地から出たらケンケンでしか進むことができません。

⑤ 　相手の陣へは、出入口からしか出入りできません。

16

⑥　自分の陣地の内側と島の中だけは両足を着くことができます。

⑦　それ以外の場所はケンケンで移動し、両足を着いたらアウトです。また陣地や
島の線から出されてもアウトです。

⑧　アウトになったら、スタンドでゲームが終わるまで待ちます。

⑨　相手にぶつかるときにはケンケン相撲と同じく、両手の前で手をクロスしてぶ
つかります。両手で押してはいけません。

２回目以降の工夫

　スタンドにいることで、どうしても暇になってしまう子たちが出てきます。そう
なったときには次のルール
を付け加えます。

⑴　スタンドの中で3人以
上集まったら、その中で
押し出しケンケン相撲を
します。

⑵　最後の1人になったら
復活することができます。

　これをやるとなかなか試
合が終わりませんが、終わ
らなければ引き分けにしま
す。子どもたちは汗びっし
ょりになって戦います。

──── 子どもたちを育てる応用・発展のポイント ────

　子どもたちは体をぶつけあう機会が少ないので、こういった遊びをとても好みます。
ただ転んですりむいたりすることもある激しい遊びなので、嫌がる子に無理やりやら
せる必要はありません。少人数から始めていくとやりたい子が増えていきます。また、
ちょっとすりむいたりもするかも、と先に断ってから遊びましょう。転んだときは
「大丈夫！」と励ましてあげましょう。また、肘からぶつかりに行くなど、危ないぶ
つかり方が見られたらしっかりと教師が止めましょう。最初のころに危険がないかよ
く見て指導すれば、あとは子どもたちだけでできるようになっていきます。

6 きんぎょすくい

対象 1～6年　所要時間 15分　場所 校庭　準備物 ライン、赤白帽子

そのまま説明基本ルール

① 子どもたちが全員金魚役になり、池の中を逃げ回ります。

② 先生が人間役になり、金魚を池から引っ張り出します。

③ 人間は池には入れませんが、島には入ることができます。

④ 金魚は人間に引っ張り出されると人間になります。

※危険なので髪や服を引っ張ってはいけません。

⑤ 最後まで池に残っていた金魚が王様金魚になります。

⑥ 王様金魚に拍手をしてゲームは終了です。

　次のルールを加えるだけで一気に友だちとの交流が増します。

⑴　もし、友だちが引っ張り出されそうになったら、その友だちを逆に引っ張って
　　助けてあげましょう。

⑵　そのときに、相手がすごく痛がったり、危険だなと考えられたりしたときには
　　無理をしないようにしましょう。

　このルールを付け
加えることで、子ど
もたち同士で、友だ
ちが引っ張り出され
ないように工夫して
守り、自然と手をつ
ないだり、体を寄せ
合ったりするように
なります。自然とボ
ディーコミュニケー
ションが増えるよう
になります。

━━ 子どもたちを育てる応用・発展のポイント ━━

　子どもはこういった少し激しい遊びをとても好みます。体も温かくなるので、夏以
外の季節におすすめです。ただ転んですりむいたりすることもある激しい遊びです。
嫌がる子に無理やりやらせる必要はありません。少人数から始めていくとやりたい子
が増えてきます。また、ちょっとすりむいたりもするかも、ということも断って遊び
ましょう。転んだときは「大丈夫！」と励ましてあげましょう。

　2回目からのルールを付け加えるだけでまた、かなり交流が増えます。先生は子ど
もたちの交流が増えるように、急に引っ張るのではなく、引っ張っている子を他の子
が助けに来るように、少し時間を調整すると良いです。そうすることで子どもたちが
お互いを助け合うことを楽しむようになっていきます。教師がそのような調整をして
あげることがおすすめです。

7 十字おに

対象 1〜6年 | 所要時間 5〜10分 | 場所 校庭 | 準備物 ライン、赤白帽子

そのまま説明基本ルール

① イラストのようなコートを作ります。鬼を決めます。鬼はAの十字の中へ、子はBの四角の中へ入ります。

　※鬼は3人程度が良いです。まずは先生も鬼になるのがおすすめです。

② スタートの合図で、子は左回りに四角を移動します。鬼にタッチされたら、その人は鬼になります。鬼が増えていきます。

③ 決められた時間内に鬼にタッチされないで、1週まわれたら帽子を赤くしましょう。だれが逃げ切れるかな。

　次のルールを付け加えるともっとふれあいが多くなります。

(1)　鬼にタッチされたら靴を片方真ん中に入れます。

(2)　その人はケンケンで逃げます。

(3)　ほかの人は、その靴をとってあげて、その人に渡してあげても良いです。

(4)　ケンケンの状態で鬼にタッチされたら、鬼は交代となります。

―――子どもたちを育てる応用・発展のポイント―――

　助けてあげている子をたくさんほめてあげましょう。

　そうすることでより交流が活発になっていきます。

　教師は外から見ていて、後半は盛りあげ役になっていくのも良いです。そうすることで、より助け合うことも活発になっていきます。

　また、鬼を増やすのも良いでしょう。鬼の人数を変えることで一層運動量が増していきます。

8 運動量が何倍にもなるドッジボール

対象 1～6年　所要時間 15分　場所 校庭、体育館　準備物 ボール

そのまま説明基本ルール

(1)　ボール2個ドッジボール

　ボールを2個にします。※ボールは柔らかいものを使用しましょう。

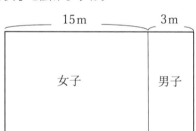

(2)　男子対女子ハンデドッジボール

①　男子対女子で対戦です。男子は強いのでハンデが必要ですね。男子は利き手と逆の手で投げましょう。
※それでも男子が勝ちます。

②　それでは男子は強いので、少し狭くして女子を広げますね。
※そう言って、男子のコートを1～2m減らし、女子のコートをその分増やします。それでも男子が勝ちます。最終的に男子のコート幅3m、女子は15m程度になっていきます（右図）。

15m		3m
女子		男子

(3)　4面ドッジボール

①　4チームに分かれます。

②　ボールは2球です。

③　当てられたら外野に出ます（右図で①チームの相手は②③④チームなので、外野は★の位置になります）。

④　相手チームに当てれば内野に復活できます。

⑤　最後まで残ったチームの勝ちです。

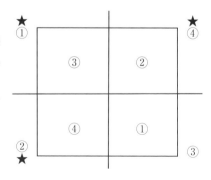

⑷　**王様ドッジ**

①　2チームに分かれます。

②　各チーム1人王様を決めます。各チーム、王様を先生に知らせます。他の子たちみんなで王様を守ります。

③　先に王様へボールを当てたチームの勝ちです。

⑸　**監獄ドッジ**

①　男女混合で2チームに分かれ、決めた時間内でゲームを行います。

②　外野は2名固定です。当てても外野のままです。

③　内野で当てられた人は、外野ではなく監獄に行きます。

④　味方の女の子がノーバウンドで相手のボールを捕ったら、監獄から男子全員が脱出できます。

⑤　味方の男の子がノーバウンドで相手のボールを捕ったら、監獄から女子全員が脱出できます。

⑥　終了時、監獄にいる人の少ないチームが勝ちです。

⑹　**はしごドッジ**

①　2対2のチームに分け、右の図のように並びます（投力、運動能力などで分けると良いです）。

②　外野の人は当てるだけ。内野の人は、よけるか、捕るかだけです。

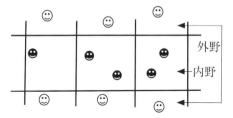

③　外野の人が内野の人を1回当てれば1点です。何回当てても良いです。

④　3分たったら、内野と外野が入れ替わります。

⑤　得点の多いチームの勝ちです。勝ったチームは、○○側のコートにずれます（学校の建物を目印に伝えます）。負けたチームは、反対側にずれます。

―――――――――　**子どもたちを育てる応用・発展のポイント**　―――――――――

　ルールを増やして、トラブルなく楽しめるようになってくると、さらに応用ができます。ボールを増やす、監獄ドッジの場合、復活できる人数を制限する、というものも追加できます。あくまでトラブルなく、基本的なルールで楽しめるようになってからがおすすめです。（【出典】『向山洋一全集11　向山学級の裏文化』より）

⑨ 三角ベース

対象 3～6年 　所要時間 15分 　場所 校庭 　準備物 ソフトバレーボール

そのまま説明基本ルール

① 2チームに分かれます。(1チーム4人程度)

② 攻撃チームは、ピッチャーの子が投げたボールを手で打ち返します。

③ 打ったら1塁、2塁、ホームへと走ります。

④ アウトになるまでの間に到達した塁によって、得点が決まります。1塁1点、2塁2点、ホームは3点です。

⑤ 打者が一巡したら、攻守交代をします。

⑥　守備チームは、攻撃チームが打ったボールをノーバウンドでキャッチすればアウトにできます。

⑦　またボールを捕ったら、ボールを捕った人の所にチームメイト全員が駆け寄ります。その子を中心として、全員で手をつなぎ「アウト」と言います。

⑧　まずやってみましょう。「わからないな？」というところや「これズルかな？」と思うところがあったら最後に発表してくださいね。ルールを確認していってクラスで楽しく遊べるようになるのがゴールです。

2回目以降の工夫

「わからないな」「ズルかな」と思ったことを発表させると次のようなものが出てくるでしょう。

⑴　**アウトかセーフかで意見が分かれた**

→審判が判断します。どうしても意見が分かれるならじゃんけんしましょう。もし審判に文句をいう様であればその人は退場にしてもいいです。

⑵　**ピッチャーが打ちづらい球を投げてくる**

→やらないようにしましょう。バッターが打ちやすい球を投げるようにしましょう。

⑶　**何度もファールになって順番が回らなかった**

→ファールはストライクと数えましょう。3回目のファールはストライクにはなりません。そこは実際の野球と同じルールにしていきましょう。

このように子どもたちと相談しながら1つずつ確認していくようにします。

─ **子どもたちを育てる応用・発展のポイント** ─

ルールを増やして、トラブルなく楽しめるようになってくると、さらに応用ができます。

攻撃では、達した塁によって得点とせず、通常の野球のようにホームに到達して1点とすることもできます。

高学年でティーやバットを使ってティーボールにして楽しむことができます。低学年ではキックベースでも良いでしょう。

守備では、手をつなぐのではなく、アウトゾーンを作りその中にボールを運んだらアウトとすることもできます。

高学年のティーボールでは、ベースにしてそこに送球できればアウトにするなど変化をつけることでより野球に近づいていきます。

あくまでトラブルなく、基本的なルールで楽しめるようになってからがおすすめです。

10 田んぼの田

対象 3〜6年　所要時間 15分　場所 校庭　準備物 弾むボール

そのまま説明基本ルール

① 図のようなコートを
描き、小、中、高、大
の4つに分かれます。
この小、中、高、大は
順位となります。

② 大にいる人から小に
いる人へのサーブでゲ
ームが始まります。

③ サーブは卓球と同じ
ように大のコートに1
バウンドさせ、小のコ
ートに入れるようにし
ます。

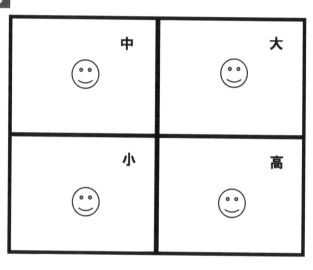

④ 小の人は、サーブのボールを打ち返します。中、高、大どのコートに打ち返し
てもOKです。

⑤ ただし打ち返すとき、サーブと同じように自分のコートに1バウンドさせて相
手のコートに入れなければいけません。

⑥ 打ち返した球がノーバウンドだったり、コートの外に出てしまったり、球を打
ち返せないとコートの順位が下がります。

⑦ 順位が変わる状況には、3パターンあります。1つ目は、直接対決に勝った場
合です。例えば、中と高の人が打ち合いをしていたとします。高の人が何らかの
ミスや打ち返せなかったとき、中の人は高へ上がり、高の人は中へと下がります。

⑧ 2つ目は、大の人がその他の人に打ち合いで勝った場合です。例えば、大の人

26

と中の人が打ち合い、大の人が勝ったとき、中の人は小へ下がり、小の人は中へ上がります。

⑨ 小の人が打ち合いに敗れた場合には、待っている人と交代し、順番を待ちます。

2回目以降の工夫

　子どもたちから次のような質問や疑問が出されることも予想されます。

(1) **ノーバウンドだったのに、ノーバウンドじゃないと言われた**

　→意見が分かれるときは、じゃんけんをしましょう。

(2) **サーブで打ちづらい球を投げてくる（回転をかけてくる）**

　→サーブは、小の人が打ちやすい球を投げましょう。

(3) **人数が4人集まらない**

　→4人集まらない時は、2人でもできます。コートを2つに分けて、人数が集まったらコートを4つに分けましょう。

―――**子どもたちを育てる応用・発展のポイント**―――

　ネット型のボールゲームの導入として簡単にできます。やり方に慣れてきて、参加する人数が増えてくると、打ち方を工夫したり、コートを増やしたりと工夫が出てきます。工夫したことを学級で取り上げ、ほめる、紹介することでより楽しく活動できるようになります。また必ず、1番強いスターが出てきます。普段目立たない子どもがスターになる可能性も十分にあります。

11 天　下

 対象 2年〜　 **所要時間** 10分〜　**場所** 校庭、体育館　**準備物** 校庭なら1グループにボール1個

そのまま説明基本ルール

① 　2人1組を作り、じゃんけんで先攻と後攻を決めます。

② 　2人のコートは4m（低学年）、5m（中学年）、6m（高学年）離れた位置です。

③ 　ボールを投げます。下投げです。

④ 　ボールをキャッチできたら、1点入ります。受け取り方で投げ方が変わります。

　キャッチの方法には主に3種類あります。

　※実演すると良いです。

　1) 　両手でキャッチ→両手で下投げ

　2) 　片手でキャッチ（体につけてもよい）→1歩歩いて片手投げ

　3) 　手をクロスしてキャッチ→3歩歩いて、両手下投げ

⑤　危険球、ノーバウンドで相手に届かない投げ方や相手が取れないような高い
　　ボールは「ファウル」となり、投げ直しです。

⑥　先に5ポイントを取ったら勝ちです。

2回目以降の工夫

　チーム戦にしても盛りあがります。

⑴　　2対2にします。前衛と後衛に分かれます。コートはもとの同じですが、前衛
　　の子の1m後ろに後衛がいるようにしましょう。

⑵　　投げ方のルール、キャッチのルールは同じです。前衛の子が後衛の子にパスを
　　することができます。その際には前衛の子のキャッチを引き継ぐことができます
　　（味方の前衛から味方の後衛にパスができます）。

⑶　　前衛の子が後衛を狙って投げても良いです。また、後衛の子が前衛を狙って投
　　げても良いです。

⑷　　先に10ポイントをとったほうが勝ちです。

――――――――――**子どもたちを育てる応用・発展のポイント**――――――――――

　　天下は基本的にその場から動かずに行うものですが、後衛の位置を最初に初期位置
　を決めるルールを追加しても良いでしょう。前衛を男の子、後衛を女の子などのルー
　ルにするなど学級に応じてルールを加えると面白いです。その際、男子は下投げ限定、
　女子は好きな投げ方ができるなどの工夫をしても良いです。ボール投げが強い男の子
　以外も活躍できるようになります。

12 チョキの女王

対象 2年〜	**所要時間** 約10分	**場所** 校庭、体育館	**準備物** なし　※負けた子の待機場所にラインカーで線を引いても良い

そのまま説明基本ルール

　校庭の場合、範囲を指定しましょう（例：校庭の右半分まで）。

① 二つのチームに分かれます。赤帽子チームと白帽子チームです。

② 赤、白各チームの中で一人だけ（男の子も可）チョキの女王を決めます。

③ それ以外の人は、グーの兵隊、パーの兵隊です。人数は自由です。

④ チョキの女王、パーやグーの兵隊は途中で変えてはいけません。

⑤ チョキの女王はチョキのみ、パーの兵隊はパーのみ、グーの兵隊はグーのみし

か出せません。

⑥　タッチされたら必ずじゃんけんをします。負けたら、指定の場所にいきましょう。

⑦　チョキの女王が負けたら、終わりです。

2回目以降の工夫

ゲームはすぐに決着がつくこともありますが、いつまでもつかないこともあります。

教師が説明せずに子どもたちに時間を与えることで、子どもたちがどうすれば勝てるか作戦を練り始めます。あえて作戦会議の時間をあげましょう。

再戦すると、わざとチョキの女王ではない子の周りを守る、あるいはチョキの女王を足の速い子にするなどの工夫をし始めます。

また、やられた子は「あいつがグーだぞ！」「あの子がパーだよ！」「チョキは〇〇だー！」など教え合うようになります。それもほめましょう。盛りあがります。

─────子どもたちを育てる応用・発展のポイント─────

作戦はとにかくほめましょう。そうすることで、創意工夫が生まれ、ずっと楽しくなります。

ズルをしたらつまらないということを、子どもたち自身で学ぶことができるようにすることも大切です。子どもですからズルもしますが、ばれます。その時には、ルールを守らないと、楽しくなくなってしまうことを教えてあげましょう。

また、一気に何試合も行うのではなく、体育の最初の５分間だけとるなどをすると良いです。１日に何試合もしてしまうと、飽きがくる可能性もあるからです。

13 コーン倒し

| 対象 | 低学年 | 所要時間 | 15分～ | 場所 | 校庭、体育館 | 準備物 | 校庭ならラインカー、コーン約30本、ボール人数分、ストップウォッチ |

そのまま説明基本ルール

① 10人1グループに分かれましょう（30人学級なら3グループ）。ラインを引き、10m先にコーンを設置します。コーンの数は30本程度です。

② 1チームがラインの後ろに横一列に並びます。ボールを手に持って、待機しましょう。

③ 他の1グループは審判です。

④ 笛が鳴ったら先生はストップウォッチを押します。みんなはコーンを倒しに行きます。コーンを倒すときは下投げしかしてはいけません。

⑤ 全部コーンを倒したら、ストップウォッチを止めます。一番速いタイムを出し

たチームが勝ちです。

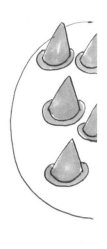

2回目以降の工夫

　ラインで丸を書きます。その中にコーンを置くようにします。10m手前にスタートのラインを引きます。

⑴　ボールをドリブルし、コーンを倒しに行きましょう。

⑵　移動はドリブルをするようにしましょう。

　ラインの長さを、10mから15mに変えるとドリブルの距離が増えて白熱します。

子どもたちを育てる応用・発展のポイント

　2人でドリブルをしながら行うなどの応用もできます。

　他には円の大きさを大きくし、コーンの数を段階的に増やしていくとゲームを長くプレイさせることもできます。

　また、「ボールけり運動（サッカー）」の領域の際の準備運動代わり行うことも効果的です。

　作戦タイムの時間を2回目以降にとると、ドリブルの上手な子がドリブルのやり方を教えるなどの場面を意図的に作ることができます。

14 だるまさんがころんだ

対象 1年〜　所要時間 数分程度　場所 校庭、体育館　準備物 なし

だ〜るまさんがころんだ

そのまま説明基本ルール

① 鬼を1人決めます。鬼以外はスタートライン（鬼から20m程度）から始めます。

② 鬼が「はじめのい────っぽ」と言ったら、鬼以外が大股で一歩進みます。

③ 鬼が「だるまさんがころんだ」と言ってから、鬼以外の子を見ます。鬼以外の
　子は、鬼が振り向くまでの間に鬼に向かって近づきます。鬼が振り向くと同時に
　止まります。これを繰り返します。

④ 動いてしまった子へ鬼は「○○さん！」と名を呼び、鬼の近くへ呼びましょう。

⑤ 鬼にタッチできた子は「タッチ」と言いましょう。鬼以外はスタートラインへ
　全力で走って逃げましょう。鬼が「ストップ」と言ったら止まります。

⑥ 鬼は、あらかじめ決めていた歩数（5〜10歩程度で決めておきます）歩き、
　一番近い子へタッチします。そして、その子が次の鬼になります。

(1) 「王様だるまさんがころんだ」

　これは、鬼が王様となり好き放題に命令できるというものです。こうすることで、鬼になってもいいなとなる子も増えます。以下のようなものがあります。まずは担任の先生が鬼になり、楽しくたくさんの指示を出していくところから始めましょう。

> 例）だるまさんが　寝ころんだ（寝ころぶ）
> 　　だるまさんが　ポーズした（好きなポーズをする）
> 　　だるまさんが　動物化（ライオンなどのポーズ）
> 　　だるまさんが　JK（女子高生っぽく）

　ただ、声が聞こえなくならないように、大きな声でやらせることや、体育館でマイクを使ってやるなど様々な配慮があると良いです。

だ〜るまさんが

ぞうのまね

ポーズした

ねころんだ

女子高生うふっ

(2) 「競歩DEだるまさん」

　走った瞬間、強制的に鬼の近くに行くことになります。

───── **子どもたちを育てる応用・発展のポイント** ─────

　はじめの一歩の際に、「はじめの一歩残しておく」と言ってはじめの一歩をしないパターンでも遊べます。あらかじめ決めておいた歩数を、鬼が歩く前に1歩遠くへ逃げることができます。また、タッチのあとに数歩あるく場面でトラブルが起きることがあるので、初めに鬼になるタイミングで「大股○歩」と言わせると良いでしょう。

15 どんじゃんけん

 対象 1年〜　 所要時間 15分〜　場所 校庭、体育館　準備物 校庭ならライン（白線）、コーン

そのまま説明基本ルール

① 　4人組をつくり、線の上に2チームが向かい合うように1列に並びましょう（4人の生活班で区切っても良いです）。

② 　笛の合図で、スタートラインから1人ずつ線の上を走っていき、ぶつかるときに「どーん」と言い、手を合わせます。そしてじゃんけんをします。

③ 　勝ったらそのまま前進してゴール（相手のスタートへ）へ向かいましょう。負けたら、線からどいて、自分のチームの列の後ろへ移動しましょう。

④ 　これを繰り返し、相手のスタートラインの前のコーンを倒したら勝ちです。
　　※コーンはスタート地点から1〜2m離しておきます。

(1) **場所の工夫**

丸太や平均台で行うのも面白いです。また、トラックで行うと走る量も増えます。

(2) **チーム合併あみだくじ戦**

チームを合併し、3本ラインあるいは、5本ラインで戦います。このゲームの場合、どこに何人いくことも自由としましょう。作戦会議のための時間をとると盛りあがります。

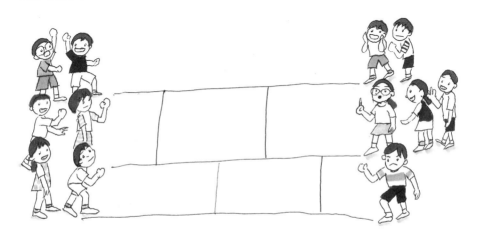

━━ 子どもたちを育てる応用・発展のポイント ━━

今回はコーンを置いたやり方を紹介しています。コーンを置かずにする方法もありますが、コーンを置くことで、子どもたち自身での判定が楽になります。「先生が審判しなくても、みんなだけでルールをきちんと守って進められるようになるのが一番いいよね」と話して、子どもたちだけでゲームを進めさせ、育てていきましょう。

また、どーんと手を合わせる瞬間は、ケガのないよう、勢いよくやらないように指導することも大切です。

2回目以降、ラインが増えた後に、あえて線を減らしてもう一度行うと場所が焦点化され、作戦が深まることもあります。作戦会議の際には、教師が介入せずに子どもたちだけでさせると、子ども同士の思考が深まります。良い作戦はほめて、価値づけをするようにしましょう。

16 線おに

対象 1～6年　**所要時間** 5分　**場所** 体育館　**準備物** 赤白帽子

そのまま説明基本ルール

① 校庭に線を引きます（体育館ならば不要です）。鬼を数人決めます。鬼になった人は赤帽子、逃げる人は白帽子にします。

② 逃げる人は線の上を踏んで逃げることができます。線のないところは逃げられません。線と線との間はジャンプすることができます。

③ 鬼にタッチされた人が、今度は鬼になり、鬼は逃げる人になります。

2回目以降の工夫

⑴ 「増やしおに」のルールで行う

　鬼にタッチされたら鬼が交代するのではなく、増えていくようにしましょう。2分間逃げ切れた人は優勝です。

⑵ 「こおりおに」などのルールで行う

　子どもたちが知っている鬼ごっこを「線おに」の形でやってみましょう。動きが制限された中で行うのでとても面白いです。

⑶ **外で線をたくさん増やす**

　基本的に体育館の線を使うと準備がいらないので楽です。

　外でラインを引いて行うこともできます。より自由なラインで運動をさせることができます。波線や、ぐるぐる線など様々なラインを引くことによって子どもたちの運動に変化をつけていきましょう。

━━━━━━ **子どもたちを育てる応用・発展のポイント** ━━━━━━

　子どもたちは、線を踏んだ、踏んでいなかった、などでもめることもあります。その際に言い分が食い違ったときにはじゃんけんをする、というようなルールを子どもたちと決めておくのも良いでしょう。

　子どもたちがルールの不備を突いて様々なことを言ってきた場合はチャンスです。子どもたちとどういうルールを追加したら良いか一緒に考えましょう。クラスでしっかりとしたルールを作る中で、子どもたちは育っていきます。

II　人間関係づくりゲーム7選

1 大根抜き

対象 1年〜　**所要時間** 約10分　**場所** 体育館、教室　**準備物** なし

そのまま説明基本ルール

① 大根抜きをします（全員、長ズボンをはくこと）。

② クラスを半分ずつの人数で、チームに分けます。

③ 代表がジャンケンをして、大根チームと出荷チームをそれぞれ決めます。

④ 大根チームは引き抜かれないように耐えましょう。うつ伏せで隣の人と腕を組み、円陣を作ります。

⑤ 出荷チームは大根を1人でも多く引き抜きましょう。腕が離れてしまったら、大根は出荷されてしまいます。

⑥　無理に引っ張ってはだめです。大根が「ギブアップ」と言ったら引き抜き扱い
　　です。

⑦　大根が全滅するか、３分たったら攻守交替です。

2回目以降の工夫

(1)　**時間を延ばす**

　　時間を３分から５分にするか、あるいは、全滅まで続けるのも良いです。

(2)　**実況者をつける**

　　抜かれた大根役の子どもに実況役を与えると盛りあがります。

　　例）子ども「お～～～っと！　Ａちゃん、出荷です‼」

(3)　**外向きに丸く座らせて腕を組ませる**

　　こちらだと、相手に動きが見えているので、面白さがあり、協力して助けようと
　する意欲にもつながっていきます。

子どもたちを育てる応用・発展のポイント

　　ムキになりやすい子もいるので、無理に引っ張っている場合は静止が必要です。無
理に衣服を引っ張ったり、爪を立てたりしているなどの行動が見られた場合は一度止
めて、注意を与えましょう。

　　男女混合にするととても面白いです。「男女の仲が良いクラスは良いクラスだね」
と価値づけをすると、男女の仲がさらに良くなっていきます。

② ふれあい囲碁

対象	1～6年	所要 時間	15分	場所	教室	準備物	ふれあい囲碁セット （手作りも可）

そのまま説明基本ルール

① （ふれあい囲碁セットを用意し、黒板に掲示してルールを説明します）

みんなは黒。先生は白です。囲んだら取れます。先に囲んで1つでも取れば勝ちです。

② どこに黒を置いたら勝てますか。○○さん（実際にマグネットを置きます）。

③ このように道を塞いで囲んだら黒の勝ちです。

④ （角に白、塞ぐように黒を2つ置きます）みんなは黒。どこに置けば勝てますか。○○さん（実際にマグネットを置かせます）。

⑤ （防ぎ方も教えます）みんなは黒。どこに置けば囲まれずに済みますか。○○

さん（実際にマグネットを置かせます）。

⑥　このようにして取られるのを防ぐことができます。

⑦　では男子対女子で対決してみましょう。

⑧　（代表がじゃんけんをします）勝ちが先攻、黒石。負けが後攻、白石です。

⑨　向かい合って、挨拶をします。よろしくお願いします。

⑩　黒の人、白の人と順番に置いていきます。

⑪　先に道を塞ぐように囲み、取った方の勝ちです（教師が主導します）。

⑫　勝負が決まったら、石を片付けて「ありがとうございました」と挨拶をします。

2回目以降の工夫

　隣同士など、ペアで個人戦をすることもできます。

　ペアによって終わる時間に差ができるので、時間を決めて区切ったり、終わった子からどんどん席を移動させたりするなど、空白が生まれないように次々やらせていくと楽しく活動できます。また、クラスを半分に分け、席順に一手ずつ打たせていく団体戦もおすすめです。

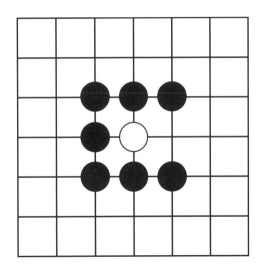

─ 子どもたちを育てる応用・発展のポイント ─

　個人戦は次々と試合を展開させ、多くの子と交流させることが大切です。勝ち負けをどんどん経験することで、負けを認められない子も切り替えができるようになっていきます。大人しい子や普段目立たない子がヒーローになることもあります。男子対女子、班対抗戦、ペア対抗戦などの団体戦では、協力する姿が生まれます。教室の横や後方にある黒板にふれあい囲碁セットを貼っておくと、自然と交流が生まれたり、作戦会議を始める子どもたちが出てきます。休み時間も行えるように用意しておくと、子どもたちはどんどん熱中して活動していきます。

　※ふれあい囲碁ネットワークのHPからセットを購入することができます。

3 五色百人一首

 対 象 1～6年　 所要時間 10～15分　 場 所 教室　準備物 五色百人一首（読み札、取り札）2人に1セット

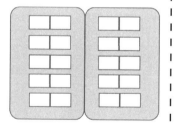

　机に札を並べている様子です。
　2人で机を向かい合わせにして、それぞれの机に横2列で5枚ずつ、計10枚ずつ札が並ぶようにします。

そのまま説明基本ルール

① 先生が読む札（黄色）を取ります。「春過ぎて　夏来にけらし　白妙の　衣干すてふ　天の香具山」「衣干すてふ　天の香具山」。最初なので下の句は2～3回読みます。札の表に書かれているのが下の句です。

② 「取れた人？」「すごいな！」と大いにほめます。

③　では、試合をします。今から読むのは空札と言ってその場にない札です。空札を読みます。「東海の　小島の磯の　白砂に　われ泣きぬれて　蟹とたはむる」。

④　「よろしくお願いします」と挨拶をします。毎回、空札を読み終えたら挨拶をさせ、全員がきちんとできていなかったらやり直しをさせます。

⑤　1枚、札を読みます。札を取るときは「ハイ！」と言って取ります。

⑥　もう1枚読みます。間違った札を触ってしまったら、お手つきです。自分が1枚札を持っていたら、場に出します。持っていなかったら、1回休みです。

2回目以降の工夫

(1)　リーグ戦

　勝った人同士が次々に対戦していくようにします。1部リーグが左前方の机です。右後方の机が6部リーグです。勝ったら、1つずつ前に移動します。負けたら1つずつ後ろに下がります。このクラスで誰が一番強いかを決めます。

(2)　2色戦

　青と黄のように2色で戦います。

【リーグ戦】黒板から見て教室の左手前方が1部リーグ、右手後方が最下位リーグとします。勝ったら矢印の方に1つずつずれます。一番前まで来たら、次の列の最後尾に行きます。

1色を2分以内でできるくらいになってからが良いでしょう。

(3)　100枚取り

　6人1グループ。1部リーグで6人、2部リーグで6人というように組ませます。机に100枚並べます。教師が速く読み、取り残しが最も少ないチームの勝ちです。

───── **子どもたちを育てる応用・発展のポイント** ─────

　静かな雰囲気を醸成できます。「本当の百人一首の試合はものすごくシーンとした雰囲気でやるのです。札の1文字目から真剣に聞くためです。みんなも余計な音を立てたらお手つきとします」と伝えます。静かな雰囲気で教師の言葉を聞く態度を子どもに学習させていきます。また、男女の手が自然と触れ合います。勝っても負けても男女の会話が自然に生まれ、学級の雰囲気も良くなります。

　※五色百人一首は東京教育技術研究所HPから購入できます。

4 新聞タワー

対象 1年〜　**所要時間** 約10分　**場所** 体育館、教室　**準備物** 新聞紙（1チーム6枚）、セロハンテープ、メジャー

そのまま説明基本ルール

① 1チーム3、4人ぐらいのチームに分かれます（生活班でも良いです）。

② 新聞紙6枚を渡します。切って加工しても良いです。自由に使ってください。

③ どんな形でも良いので、一番高い新聞紙タワーを作ったチームの優勝です。

④ 新聞紙のほかにセロハンテープを使ってもかまいません。

⑤ まず、5分間の作戦タイムです。チームでどんなタワーを作るか、みんなでアイデアを出し合いましょう。

⑥　組み立てタイムは5分間です。

⑦　組み立てタイムが終わったら、全員がタワーから手を離して10秒間数え、倒れなければその高さが記録になります。

⑧　高くなってきたら、椅子に乗って作業をしても良いです。

2回目以降の工夫

(1)　セロハンテープの枚数を制限する

「セロテープは5cmを5枚だけ使えます」というように、セロハンテープの枚数を限定すると、アイデアがより重要になっていきます。

(2)　制限時間を変える

　制限時間が変わることで、より現実的にできるものを考えるようになります。これもアイデアが重要になります。

(3)　新聞の枚数を変える

　思い切って新聞紙の枚数を増やしてみると、さらに発想は広がっていきます。

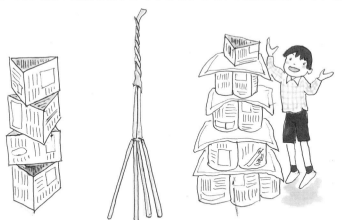

子どもたちを育てる応用・発展のポイント

　「自分の考えを発言できたかな？」「みんなでタワーのイメージを共有できていたかな？」と確認しましょう。良いチームというのは「人の意見を良く聞き、良いところを生かすことができる」「お互いの良いアイデアを共有できる集団」だ、ということを教えることも良いです。大切なのは、アイデアを否定せず、みんなであれこれ考えて、譲り合ったりしながら試行錯誤するのだということを感じさせましょう。

5 バースデーライン

対象 1〜6年 　所要時間 約10分 　場所 教室 　準備物 なし

シ〜ン

そのまま説明基本ルール

① みんなで円になります。

② 言葉を話してはいけません。ジェスチャーはOKです。

③ お互いの誕生日を推測し、1月1日から順に並んでもらいます。

④ 時間は3分です（人数や学年に応じて変えても良く、短いと盛りあがります）。

⑤ 時間になったら最初から順に誕生日を言っていき、答え合わせをします。

(1) 誕生日だけでなく、名前の順や朝起きた時間などでもできます。

```
【バースデーラインで使えるネタの例】
① 名前の順  ② 朝起きた時間  ③ 名前の文字数  ④ 名前の文字の画数
⑤ 名前の漢字の数  ⑥ お父さんかお母さんの誕生日順  ⑦ 好きな数字
```

(2) 制限時間を短くして盛りあげていきます。
(3) グループに分けて競争をします。

```
【グループ分けの例】
① 班ごと  ② 号車ごと  ③ 教室を半分で分ける  ④ 男女
```

ゆうやさんは、バースデーラインを
早く完成させるために、自分から
声をかけていましたね。

―― **子どもたちを育てる応用・発展のポイント** ――

　普段、遊ばないグループの子ども達を交流させるのがポイントです。
そのためにグループ分けや題材などを工夫してみましょう。
　競争をしても盛りあがりますが、勝ったことをほめるのではなく、早く終わらせる
ために考えて動いていた子を見つけてほめると良いです。

⑥ 人間知恵の輪

対象 1～6年　所要時間 約10分　場所 教室　準備物 なし

そのまま説明基本ルール

① みんな（5人程度）で内側を向いて円になります。

② なるべく遠くの人と手をつなぎます。

③　手をつなぐときは右手と左手をつなぎます。

④　全員手をつなぎます。

⑤　くぐったり、またいだりして輪をほどいていきます。

⑥　腕を無理やりひねると怪我をしてしまうので、指１本でもつながっていれば良いことにします。

⑦　時間は５分間です。

2回目以降の工夫

⑴　人数を増やします。

⑵　制限時間を短くします。

　※輪の難易度が違うので、グループごとの競争はしません。

⑶　言葉を話さずに行います。

────── **子どもたちを育てる応用・発展のポイント** ──────

普段、遊ばないグループの子どもたちを交流させるのがポイントです。

工夫をしている子を取り上げてほめることで「協力する」意識を持たせましょう。

7 新聞乗りゲーム

対象 1～6年　所要時間 20分　場所 教室　準備物 新聞

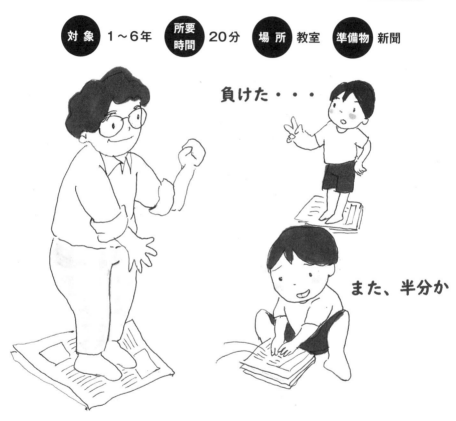

負けた・・・

また、半分か

そのまま説明基本ルール

① 新聞を広げて上に乗ります。

② 先生とじゃんけんをします。

③ 負けてしまった人は新聞を半分に折ります。

④ 負けてしまった人はどんどん折っていって、上に乗れなくなった人は負けです。

⑤ 足が新聞からはみ出て床についてしまっても終わりです。2回ほど練習として
　行いましょう。

⑥　ではここからが本番です。新聞紙を開いてもう一度乗りましょう。

2回目以降の工夫

⑴　新聞1枚につき2人乗ります（高学年の場合は性別に配慮しましょう）。

⑵　2組で対戦形式にします。

⑶　新聞乗りトーナメントを行います。

⑷　最初から片足立ちで行います。

⑸　新聞を4枚繋げてグループごとの対戦を行います（高学年の場合は性別に配慮しましょう）。

子どもたちを育てる応用・発展のポイント

　　2回目以降の工夫にある「片足立ち」はバランス感覚を養うことにもつながります。

　　新聞をどのように折るとなるべく面積を残せるかを工夫する子どもたちが必ず出てくるので、新聞の折り方は指導しないで考えさせると良いです。

　　2人以上のグループで行う場合は、「じゃんけんで何を出すか」「どのように新聞を折るか」などの相談ができるように様子を見て間をあけてやると良いです。

Ⅲ 学級モラルがスーッと向上！ 道徳ゲーム5選

1 挨拶が良くなる挨拶ゲーム

対象 1～6年　**所要時間** 1分　**場所** 教室　**準備物** なし

おはよう。

先生の勝ち！

そのまま説明基本ルール

① クラスをより良くするためにどんなことをしていったら良いですか。

　※子どもたちには自由に意見を出させましょう。

② どれも大切ですね。では、朝の一番初めにすること、挨拶からやってみます。

③ 仲良くなるために挨拶を増やします。「挨拶ゲーム」をします。

④ ルールは、「先生より早く挨拶する」。これだけです。

⑤ できるかな。ちょっとやってみます（一度、教室から出て入ります）。

⑥ 「おはようございます！」（最初は教師が勝つように早く挨拶します）。

⑦　今のは、先生の勝ちです。

⑧　もう一度やってみます（もう一度、教室から出て入ります）。

⑨　今度は、みんなの方が早かった。すごいね。楽しく挨拶を増やしていきましょう。

2回目以降の工夫

　次の日の朝、本気で勝ちにいきましょう。「おはようございます！」子どもより早く言うようにします。先生は勝ったことを喜びましょう。「やったー！　今日は先生の勝ちだ！」というくらいで構いません。

　結果を朝の会で確認しましょう。「今日、挨拶ゲームで先生に勝った人？　同点だった人？」「どちらもすごいね」「挨拶を広げようとしてくれているね」とほめます。「明日もやります。楽しみです」と予告します。これを3日間ほど続けます。

　朝の会などで元気よく挨拶する子、笑顔で挨拶する子を取り上げてほめるようにしましょう。「太郎さん、起立。太郎さんの挨拶は元気が良くて気持ちが良いです」

　帰るときにも確認しましょう。「今日、何人の人に挨拶しましたか」「手を挙げます。1人？2人？」「花子さんは、8人！　すごいな。挨拶名人」など、とりあげてほめるようにします。

おはよう。
ぼくの勝ち！

子どもたちを育てる応用・発展のポイント

　大前提は、教師がクラスで一番率先して挨拶していることです。明るく、元気良く挨拶しましょう。そのうちに、教師がだんだん勝てなくなっていきます。「今日、先生は負けたけれど、みんなの挨拶が気持ち良いから、とても気分がいいな」と勝負にこだわるのではなく、挨拶を広めることが大切であることを示しましょう。また、「挨拶の大切さ」も話しましょう。「挨拶ができる人は、大人になっても信頼されます。挨拶が気持ち良いから会社の試験に合格した人だっているのです」などです。

2 ソーシャルスキルかるた

 対象 1～6年　 所要時間 10～15分　 場所 教室　準備物 ソーシャルスキルカルタの読み札と取り札

せきにつく

そのまま説明基本ルール

① 隣の人と机を向かい合わせにします。

② 2人で1つ「ソーシャルスキルかるた」を取りに来てください。青色の札を出します。

③ 1人10枚ずつ札を分けます。自分の机に、横に5枚並べ、その下にもう1列、5枚並べます。

④ 「よろしくお願いします」と挨拶をして始めます。

⑤ （1枚目はゆっくり読みます）札を取るときは、「ハイ」と言って取ります。

⑥ （2枚目を読みます）間違った札を触ってしまったら、お手つきです。札を持っていたら、1枚、場に戻します。次に札を取った人が場に戻った札も一緒に取れます。持っていないときは、1回休みです。

⑦ 読み札が残り3枚になったところで終わりにします。「ありがとうございました」の挨拶で終えましょう。

2回目以降の工夫

(1) 教師が言う前に札を並べている子をほめる

「太郎くん、えらいね。準備が早い子は賢いんだよ」

(2) きちんと挨拶している子をほめる

「花子さんは元気に挨拶していていいね。相手も気持ち良くなるね」

(3) 札を取るときは、「札に書いてある言葉」を言って取らせる

「みんな、上手になってきたから、レベルを上げます。取るときに、札に書いてあることばを言いながら取ります。例えば『ぬいだくつ　かかとをそろえて　くつばこへ』の札は、『くつばこへ』と言って取ります」

(4) トーナメント戦にする

勝った人同士でどんどん対戦していくようにすると盛りあがります。

━━ 子どもたちを育てる応用・発展のポイント ━━

明るく楽しい雰囲気で、学校生活に役立つスキルを教えることがポイントです。かるたをやっているときは、たくさんほめて言葉を子どもに定着させます。

定着してくると、教師が「キンコンカン　チャイムが鳴ったら？」と言うだけで、子どもが自分たちで、「席につく！」と言って席に着きます。「えらいね。よく覚えてるね」と教師はほめるだけで行動が良くなります。楽しいから子どもはどんどん覚えようとします。慣れてくるとゲームも毎日10分以内でできるようになります。

3 ありがとうゲーム

対象 1～6年 　所要時間 1分 　場所 教室 　準備物 なし

ありがとう

ありがとう

ありがとう

ありがとう

そのまま説明基本ルール

① 「ありがとう」と言われるゲームです。

　「ありがとう」は言われたら嬉しい言葉ナンバーワンです。

　クラスの雰囲気がとっても良くなります。

② 1回言われたら25点。4回で100点です。

　自分で何点か数えておいてください。

　帰りまでに確認します。

③ 言うのは簡単ですが、言われるのは大変です。

　楽しく「ありがとう」を増やしましょう。

58

⑴ **「ありがとう」をたくさん言われている人を取り上げてほめる**

　「さくらさんは、1日10回以上言われています。このクラスにありがとうを増や
してくれています。もちろん言っている人も素晴らしいです」「どうすればありが
とうと言われるのですか？」と、コツを聞いても良いでしょう。

⑵ **「ありがとう」のチェック表を作る**

　教室後方の黒板に、1人1つ子どもの名前を書いたマグネットを貼っておきます。
ありがとうを言われたらマグネットを上にずらしていく形です。誰が何回ありがと
うを言われたか、一目瞭然になります。ある程度「ありがとう」が定着してきたら、
表は外してもかまいません。

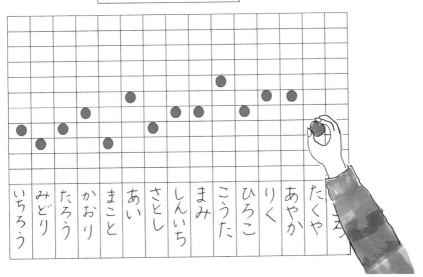

ありがとうチェック表

いちろう　みどり　たろう　かおり　まこと　あい　さとし　しんいち　まみ　こうた　ひろこ　りく　あやか　たくや

── **子どもたちを育てる応用・発展のポイント** ──

　大前提は、教師が一番「ありがとう」を言っていることです。教室で一番「ありが
とう」を言っているのは誰か、子どもに言わせたり、書かせたりするのも良いです。
そして、その子を取り上げてほめます。そうするとさらに「ありがとう」が増えます。
　「ありがとう」が増える前と増えた後のクラスの違いについて、言わせたり、日記に
書かせたりすることで、クラスの雰囲気がさらに良くなるでしょう。

④ ほめほめ勝負

対象 1〜6年　所要時間 5分　場所 教室　準備物 なし

字がきれいだよね

そのまま説明基本ルール

① クラスのみんなの仲をより深めるために、「ほめほめ勝負」をします。

② 見本を見せます。「太郎さん、来てください」。

③ じゃんけんします。勝ったら相手を1つほめます。

④ 先生が勝ちました。「太郎さん、ランドセルがきちんとしまってあってえらいね」。

⑤ 言われたら、「ありがとう」と言います。

⑥　次に太郎さんが先生をほめます。「いつも服装がかっこいいです」「ありがとう」

⑦　「いつも筆箱の鉛筆が削ってあってえらいね」「ありがとう（太郎さん）」

⑧　「5秒以内にほめないと負けだよ？」「5、4、3……」

⑨　このようにやります。わからない人いますか。では、隣同士やってみます。起立。

⑩　（1分ほどやらせる）みんな上手だね。「勝てた人？　同点だった人？」確認します。

2回目以降の工夫

⑴　**定期的にやる**

　　月曜日の1時間目の最初や学活の最初の時間などに行います。

⑵　**ほめるのが上手な人を取り上げてほめる**

　「花子さんはほめるのが上手だね。常に人の良いところを見ている証拠だね」

⑶　**男女でやらせる**

⑷　**トーナメントにする**

　「ほめほめ選手権をします。誰がほめ名人か決めます。まずは隣の人とやります」

　「勝った人同士でやります。負けた人は座ります」

子どもたちを育てる応用・発展のポイント

⑴　ほめ方を鍛える

　「すごいね」の言い方一つで、相手に与える印象が違います（「明るく言う練習をします」「目尻を下げて、口角を上げます。表情で○を作るようにします」）。

⑵　ほめ言葉を鍛える

　あらゆるレパートリーがあると良いです。そのためには、まずは教師が子どもを日頃からたくさんほめていることが条件です。それも豊富なレパートリーでほめましょう。「天才！」「名人！」「がんばりやさん！」「勇気がある！」「優しいね」などこれらの言葉を普段から教師が使っているから子どもも使うようになっていきます。

5 友だちの良いところ探し

| 対象 | 1～6年 | 所要時間 | 15分～ | 場所 | 教室 | 準備物 | 紙 |

そのまま説明基本ルール

① 友だちの良いところを見つけられる人は友だちが増えます。友だちの良いところを見つけて、教えてあげる勉強をします。

② まず、配られた白紙の一番上に、自分の名前を大きく書きましょう。

③ そうしたら先生のところに持っていきましょう。先生は名前の後に「さん」を書き込みます。

※その後ランダムに子どもたちに配っていきます。もし自分のカードを受け取ってしまったら教えるように言いましょう。

④ 配られた友だちの良いところを書いて教えてあげます。直した方が良いところなどはいりません。良いところだけ書きましょう。次のように書きます。

例）ひとみさん　ひとみさんはいつも字をきれいに書いていてすごいと思ってい

ます。僕も頑張ろうと思います。太郎より

⑤ 書けたら先生のところに持ってきましょう。全員集まったら先生がまた配ります。これを時間が許す限り続けます。一度書いた人のものや自分のものが来たらまた教えてくださいね、と言いましょう。

⑥ それでは時間です。先生のところに持ってきましょう。書いてある内容を確認してから1人ひとりに渡します。

2回目以降の工夫

子どもたちはこの手紙を大事そうに受け取ります。2回目は説明を省いても、すぐにゲームができます。毎回のようにやるのではなく、1学期に1回程度でも良いでしょう。子どもたちはこの活動を心待ちにするようになります。

1学期、2学期とそれぞれやって3学期、これを常時活動にすることもできます。子どもたちが3学期もやりたい！ もっとやりたい！ と言ってきたらチャンスです。

> この活動ばかりするわけにはいかないので、これを毎日の生活の中でしてみない？ 小さい紙に、友だちの良いところや、がんばっているな、やってもらってうれしかったな、というところを書いて、その人に送ってあげましょう。これはたくさんもらう人がいいのではなくて、たくさん見つけて教えてあげられる人が良いんだよね。たくさん書いてあげられるようにしましょう。

このように説明して、小さなメッセージカードをたくさん印刷して教室に置いておきます。そして子どもたち個人専用のポストを作り、教室に掲示し、その中に入れていくようにします。そして週に1度、誰からもらったか報告させるようにしましょう。〇〇君からもらった人？ と言って手を挙げさせます。そうすると、〇〇君が何人に書いてあげたのかがわかります。これを短く全員に聞いていくわけです。そうしてたくさん書いた子をほめることができます。

━━ 子どもたちを育てる応用・発展のポイント ━━

最初の活動で、きちんと「悪いことを書かない」ということを徹底しましょう。クラスが「悪いことを書く子がいない」という水準まで育っているならば、常時活動にできます。そうでなければ危険なこともあります。注意して行ってください。

新教科書と連動！ 楽しく知識を定着させる
算数科面白ゲーム５選

1 計算ルールを身につける 計算だんごチャレラン

対象 4年〜 **所要時間** 20分 **場所** 教室 **準備物** 計算だんご チャレラン用紙

そのまま説明基本ルール

① 右ページのプリントを配ります。（ア）から（コ）までの団子から６本を選び、３本ずつ皿の上に乗せます。

② （　）の中に選んだ団子のカタカナを、〇の中にその数字を上から順に書き写します（数字の順番は変えてはいけません。また、同じ団子を２個乗せてはいけません）。

③ 計算をします。その答えを□の中に書きます（右図①□〜⑥□）。

④ かけざんと足し算が混ざっていますね。そういうときはかけ算から先に計算です。

⑤ □の中の数字を６つ下に書き写し、それを全部合計したものが得点になります。得点の最も多い人が勝ちです。

⑥ 制限時間までだったら、新しい紙を持って行って再チャレンジができます。

⑦ （制限時間が過ぎたら）終わりです。ここまでで１位から３位までの人を表彰します。

⑧ １位から３位までは黒板に貼ることができます。

⑨ 順位が入れ替わるときに、４位になってしまった場合は、その人のところに紙を持って行き、「残念だったね」と優しい一言をかけてあげましょう。

2回目以降の工夫

レベルもさまざまあるので、少しレベルを上げたものにも取り組ませても良いでしょう。ペーパーチャレランはほかにもたくさんあります。ペーパーチャレランは４冊セットで、東京教育技術研究所から購入できます。

> ―――― 子どもたちを育てる応用・発展のポイント ――――
>
> いつ実践することもできますが、計算ルールの学習の際に使うと良い復習になります。

計算だんごチャレラン

☆ ☆ ☆

(ア)	(イ)	(ウ)	(エ)	(オ)	(カ)	(キ)	(ク)	(ケ)	(コ)
⑨	⑧	⑦	⑥	⑪	⑩	⑨	⑫	⑧	⑦
⑦	⑧	⑥	⑧	⑨	⑧	⑩	⑦	⑫	⑪
⑨	⑨	⑫	⑪	⑤	⑦	⑥	⑥	⑤	⑦

( )　( )　( )
○ × ○ + ○ = □ ①
○ × ○ + ○ = □ ②
○ + ○ × ○ = □ ③

( )　( )　( )
○ + ○ × ○ = □ ④
○ × ○ + ○ = □ ⑤
○ × ○ − ○ = □ ⑥

① □ + ② □ + ③ □ + ④ □ + ⑤ □ + ⑥ □ = □ 点

チャレンジャー名

得点

2 分数・小数 神経衰弱

対象 5年〜　**所要時間** 20分　**場所** 教室　**準備物** 画用紙

そのまま説明基本ルール

(1) **分数・小数カードを作成する**

① 分数＝小数となる組み合わせを班のみんなで相談してたくさん考えます。例えば、「1/2＝0.5」のような形です。たくさんノートに書きましょう。

② 画用紙を同じ大きさにこのように折り目がつくように折りましょう。

③ その中に、このように、分数と小数を書いていきます。

$\frac{1}{2}$	0.5	$\frac{1}{5}$	0.2				

④　全て埋めることができたらそのカードを切りましょう。

⑵　**神経衰弱ゲーム**

①　カードを裏返して広げます。

②　順番を決めます。

③　1番の人がカードを2枚めくります。同じ大きさを表す小数、分数の組み合わせになっていたらカードを取ることができます。同じ数でも分数同士、小数同士というのはだめです。分数と小数の組み合わせでないと取ることができません。

④　カードを取ることができたら、続けてめくることができます。

⑤　全てのカードを取り終わったら終了です。

2回目以降の工夫

⑴　**単位換算でも行うことができる**

「100㎝＝1m」という形で単位でもできます。

「1000ｇ＝1kg」というのも良いです。

そのようにして各学年で単位の学習をした際に、まとめとして行うこともできます。

⑵　**割引でも行うことができる**

「1割＝10％」などです。

また、「2割引き＝8割」というのも可能です。

⑶　**速さの単元でも行うことができる**

速さの学習でも「45分＝3/4時間」などの形で時間を分数で表記するのは慣れが必要です。これが瞬時にできるようになると学習の効率はぐんと上がります。

───── **子どもたちを育てる応用・発展のポイント** ─────

子どもたちに習熟させておきたい変換の学習で使うことができます。ノートにまとめさせるだけだとその作業がもったいなくなります。カードでまとめ、それを使ってゲームをするという学習方法もぜひ使ってみてください。

3 補数遊び

対 象 1年～ 所要時間 1分 場 所 教室 準備物 なし

そのまま説明基本ルール

① 足して10になる数を言いましょう。
② 「5」なら？ 「5です」
③ その通り！ では、やってみましょう。
　※どんどんスピードアップしていきましょう。
④ では、お隣さんと勝負です！
⑤ 次は立ってたくさんの友だちとやりましょう。

2回目以降の工夫

⑴ 足して50になる補数を言います。
⑵ 足して100になる補数を言います。

子どもたちを育てる応用・発展のポイント

　これは5から始めても良いです。とにかく隙間時間など様々な場面で使うことができます。5の合成分解や10の合成分解は1年生の計算においてとても重要です。授業の最初にやるなど、たくさん遊ばせましょう。

4 計算じゃんけん

対象 1年〜　所要時間 1分　場所 教室　準備物 なし

そのまま説明基本ルール

① じゃんけんをして、2人の指の本数を合わせた数を言います。
　※子どもと教師で見本を見せます。

② 先に答えを言えたほうが勝ちです。では、やってみましょう。

2回目以降の工夫

(1) 歩いて1分間にたくさんの友だちと勝負します。

(2) グーチョキパー以外のものも出して良いようにします。

(3) 両手でも良いようにします。

(4) かけ算で遊びます。

子どもたちを育てる応用・発展のポイント

　授業の開始などでも行うことができます。勝ち負けにこだわらず、たくさんの友だちと交流できることも評価していきましょう。

5 問題づくりゲーム

対象 1年〜　**所要時間** 30分　**場所** 教室　**準備物** ノート

山田　36 × 8	平山　65 × 9	橋本　11 × 3	井上　23 × 4
武田　12 × 6	小野　81 × 6	辻本　92 × 2	川上　45 × 6
石上　39 × 4	中台　22 × 7	別府　81 × 9	佐藤　88 × 8
山口　23 × 6	小川　23 × 9	塩見　35 × 9	

そのまま説明基本ルール

① 計算問題を自分で1つ作ります。

② 自分で解いたら先生の所に持ってきましょう。

③ 正解だった人は、黒板に書いてもらいます。

　※子どもが黒板に問題を書くので、黒板を全員が書けるように、あらかじめ等分しておきましょう。

④ 黒板に自分の問題を書いた人は、ほかの人が書いた問題を解きましょう。

⑤ 解いたらその子の所に行き、〇をつけてもらいましょう。

70

⑥　丸付けのときは、あっていたら〇、間違っていたら×をつけてあげるだけで良いですよ。直さなくて良いです。

※15分程度たったら次のように聞いてみましょう。

⑦　〇〇さんの問題解いた人？　難しいからかな？

　このように聞いて、まだ解かれていない問題があることを認識させましょう。そうすることで挑戦意欲に火がつきます。

2回目以降の工夫

⑴　**様々な計算問題**

　計算問題を習熟させるのに大変有効です。自分たちで問題を解きあう、という面白さがあるので、その単元の計算事項を習熟させたいときに有効です。

⑵　**文章問題編**

　もちろん文章問題でも行うことができます。ただし1人ひとりのスペースが小さくなってしまうので場合によっては移動式の黒板なども準備しておくと良いでしょう。

―――――　**子どもたちを育てる応用・発展のポイント**　―――――

　一度この方法をしておくと、「今日は問題づくりゲームです」と言うと、すぐに取り組むことができるようになります。

　子どもたちは嬉々として取り組みます。そのときに教師がたくさん解けたことも評価してあげましょう。同時に、解いてもらってうれしかったという経験をさせることで、問題作りにも親しんでいきます。ときどき、なかなか問題を作れない子や、自分で作った問題が解けない子もいます。開始10分程度でそういう子たちの支援に入ることがおすすめです。

　※【参考実践】千葉雄二氏「〇〇問題作り」明治図書『向山型算数教え方教室　2007年5月号』より

V 新教科書と連動！ 楽しく知識を定着させる
国語面白ゲーム9選

①50音言葉探しゲーム

対象 1年〜　**所要時間** 10分　**場所** 教室　**準備物** 50音図プリント、鉛筆

ん	わ	ら	や	ま	は	な	た	さ	か	あ
	り		み	ひ	に	ち	し	き	い
	る	ゆ	む	ふ	ぬ	つ	す	く	う
	れ	め	へ	ね	て	せ	け	え
を	ろ	よ	も	ほ	の	と	そ	こ	お

そのまま説明基本ルール

① 50音図の中にはたくさんの言葉が隠されています（50音図を子どもに見せる）。

② これはどうかな？（「あ」と「か」を○で囲む）。「あか」ですね。

③ これはどうかな？（「き」と「く」を○で囲む）。「きく」ですね。

④ これはどうかな？（「し」と「す」を○で囲む）。「すし」ですね。下から読んでもいいです。

⑤ これはどうかな？（「ね」と「ほ」を○で囲む）。「ほね」ですね。斜めでもいいです。

⑥ これはどうかな？（「め」と「ゆ」を○で囲む）みんなで言ってみよう！「ゆめ」ですね。

⑦ 制限時間は3分！ このように隣り合うひらがなを上手につないで言葉を探しましょう。ただし、一度使った平仮名はもう使えませんよ。

72

※様子を見て時間を調整しましょう。

⑧　では、いくつ見つかったか数えてみましょう。

※1人ひとり指名して聞いていきましょう。

2回目以降の工夫

⑴　**離れている字でも作れるようにする**

①　隣り合っていないひらがなでも良いことにします。

②　見つけたらノートにその言葉を書きましょう。

③　使った平仮名は×をつけましょう。もう使うことができません。

例）あに　すしや

⑵　**2人で対戦する**

先攻・後攻をじゃんけんで決めさせてゲームをします。1文字10点で、点数が多い方が勝ちです。答えられなくなるまで続けていきます。相手が困っていたらヒントを出してあげるのも良いでしょう。

ん	わ	ら	✻	ま	は	な	た	さ	か	✻
		り		み	ひ	✻	ち	✻	き	い
		る	ゆ	む	ふ	ぬ	つ	✻	く	う
		れ		め	へ	ね	て	せ	け	え
	を	ろ	よ	も	ほ	の	と	そ	こ	お

━━ **子どもたちを育てる応用・発展のポイント** ━━

　たくさん50音図のプリントを刷っておくと良いです。

　このゲームの目的は語彙を増やす、ひらがなを読む、書く、をスムーズに行えるようにすることです。

　勝ち負けにこだわらず、楽しんでゲームができるように、あたたかい対応をしましょう。教師は子どもの発想にたくさん驚いてあげると、熱中して取り組むようになります。

② 文字パズルゲーム

対象 1年〜 **所要時間** 10分 **場所** 教室 **準備物** ノート、鉛筆

そのまま説明基本ルール

　まず、黒板に3×3のマスを書き、その中に上のカタカナを書きます。

① この中に3匹の動物が隠れています。どんな動物が隠れているかな？
　　見つけた人は手を挙げましょう。（答え：タヌキ・キツネ・ラクダ）

② そう！「タヌキ・キツネ・ラクダ」の3匹です。

今日は、こんな風に動物の名前カタカタのパズルを作ってみましょう。

③ 作り方を見せます。

※動物の名前をバラバラにして配置していく方法を見せましょう。そのとき、余ったマスがあれば、×を書いておきます。

④ ではクイズができたら先生の所に持ってきましょう。5分時間をあげます。あとで発表してもらいますね。

※発表させたものを黒板に書き、みんなで解いていくと面白いです。

2回目以降の工夫

⑴ **マスを増やす**

マスを3×3から4×4や5×5にしてもよいです。難易度が上がり面白さも増します。

⑵ **カタカナ→漢字の熟語**

1年生であれば、ひらがなやカタカナの学習として使うことができます。

2年生以降であれば漢字にして、熟語の学習として使うことができます。

⑶ **黒板に書いて問題を解きあう**

問題ができたら、先生のところに持ってこさせます。きちんとできていたら黒板にそのまま書かせることもできます。そして問題を書いた子たちから、友だちが書いた問題をノートに解きます。そして問題を解いたら、その友だちのところに行き、〇をつけてもらいます。子どもたち同士の交流も生まれます。

━━━ 子どもたちを育てる応用・発展のポイント ━━━

1、2年生であればマスを書いたプリントを用意しておくと時間が削減できます。
3年生以降であればノートにマスを書かせても大丈夫です。

宿題にもしていないのに、家でやってくる子も出てくるかもしれません。そうしたらたくさんほめてあげましょう。そしてその問題をクラスで紹介してみんなで解いてみるのも良いです。

そのようにして子どもたちが楽しんで学習できるようにしていきましょう。

3 漢字ビンゴ

対象 2年〜　所要時間 5分　場所 教室　準備物 紙やノート

そのまま説明基本ルール

① 3×3のマスをかきましょう（黒板に書いて説明します）。

② まずは「さんずい」のつく漢字！ 9個埋めましょう。辞書や教科書を見ても
いいですよ。制限時間は3分！ はじめ！

　※様子を見て時間を調整しましょう。

③ では8人に聞いていきます！ ○○さんから！

　※1人ひとり指名して、書いた漢字を1つ言わせます。

　　8人終わったら終了です。ビンゴした友達に拍手するようにします。

　　そしてすぐに次の問題に行きます。

⑴ **部首を変える**

　最初に「さんずい」でやったあとは、「きへん」など、部首を変えていきましょう。

「にくづき」など様々な問題を出すことができます。

⑵ **画数を制限する**

　画数が5以内などにすることもできます。逆に多くすることもできます。範囲を決めて思考を活性化させましょう。

⑶ **1学期に学んだ漢字の復習として行う**

　1学期の漢字の復習のために、漢字スキルなどから探し、その漢字を当てはめていくのも良いです。

⑷ **マスを増やす**

　最初は3×3のマスですが、4×4など漢字の出題量を増やしたいときにはそういった手法もおすすめです。

子どもたちを育てる応用・発展のポイント

　部首の名前を覚えたり、漢字の復習に使ったりと様々な用途があります。

　ポイントは1回やったらすぐに2回戦を行う、ということです。だらだらと引きずってはいけません。

　テンポよく45分の授業で2回程度やれば子どもたちもどんどん楽しんできます。

　1回の授業では何度もやらず、2回程度で良いのです。また、慣れてきたら、教科やスキルなどを見せないで行うことも良いでしょう。思い出すトレーニングになります。

④ 熟語チャレラン

対象 3年～　**所要時間** 20分　**場所** 教室　**準備物** 熟語チャレラン用紙

そのまま説明基本ルール

① 右ページのプリントを配ります。上の漢字の中から2つの漢字を選んで、二字熟語を作ります。

② 二字熟語は地名、人名、商品名は除きます。

③ 作った二字熟語は下の欄に書いていきます。

④ 一度使った漢字は使うことができません。×をして消していきましょう。

⑤ 残っている漢字で熟語が作れなくなったら終わりです。

⑥ 作れた二字熟語の数が点数になります。

⑦ 制限時間までだったら、新しい紙を持って行って再チャレンジができます。

⑧ （制限時間が過ぎたら）終わりです。ここまでで1位から3位までの人を表彰します。

⑨ 1位から3位までは黒板に貼ることができます。

⑩ 順位が入れ替わるときに、4位になってしまった場合は、その人のところに紙を持って行ってあげましょう。そのときに「残念だった、よくがんばったね」と努力をほめてあげましょう。

2回目以降の工夫

レベルにもさまざまあるので、少しレベルを上げたものにも取り組ませてもいいでしょう。ペーパーチャレランはほかにもたくさんあります。ペーパーチャレランは4冊セットで、東京教育技術研究所から購入できます。

─── 子どもたちを育てる応用・発展のポイント ───

熟語チャレランはあまり時間がかからないことが多いです。短時間しか空き時間がない場合でも取り組ませることができます。

二字熟語チャレラン
☆☆

野・成・速・極・自・訓・練・記・勇・命
食・最・高・観・伝・敗・達・北・失・親
友・気・兵・録・配・各・脈・塩・上・位
置・菜・付・分・隊・救・山・熱・戦・高

5 ことわざフラッシュカードゲーム

対象 3・4年　**所要時間** 5分　**場所** 教室　**準備物** ことわざフラッシュカード

犬も歩けば棒にあたる

犬も歩けば

てしゃばると災難！

そのまま説明基本ルール

① （フラッシュカードの文字のある面を見せながら）先生の後に続いて読みます（T「千里の道も一歩から」→C「千里の道も一歩から」→T「二階から目薬」→C「二階から目薬」……）。

② 今度はみんなだけで読みます（T「（文字のある面を見せる）」→C「千里の道も一歩から」→T「（文字のある面を見せる）」→C「二階から目薬」……）。

③ この号車の人立ちましょう。読めたら座ります（②と同じ）。

④ この号車の人立ちましょう。最初に読めた人が勝ちです（②と同じ）。

※勝敗は教師がすばやく、はっきりと行いましょう。

⑴ **意味を教師が言い、子どもがことわざを言う**

先生の後に続いて読みます（T「でしゃばると災難」→C「犬も歩けば棒にあたる」→……）。

⑵ **ことわざを暗記する**

1回目に子どもたちに言わせて、裏面（半分が□で隠されているもの）を見ても言えるようにするということができます。そうすることで、ことわざ自体を暗記させることができます。

⑶ **グループ対抗戦**

教室を2つのグループに分けます。先生が意味を言い、それぞれの代表者がことわざを答える勝ち抜き戦をさせていきます。勝敗は教師がすばやく、はっきりと行いましょう。

── **子どもたちを育てる応用・発展のポイント** ──

　　毎日の国語の授業の最初に取り組んでみると子どもたちはあっという間にことわざを覚えていきます。毎回2、3分でできる活動です。ぜひ授業の最初に取り組んでみてはいかがでしょうか？ また5、6年生ではぜひ四字熟語にも挑戦させてみましょう。正進社から四字熟語のフラッシュカードが出ています。どれも同様のやり方で進めていくことができます。ぜひ挑戦してみてください。

【参考・引用】正進社HP https://www.seishinsha.co.jp/book_s/detail.php?b=404

6 クロス漢字ゲーム

対象 5年～　所要時間 5分　場所 教室　準備物 ノート、えんぴつ

	や	ま	ぐ	ち	こ	う	い	ち
た		玉			凧	歌	対	
な		生			粉			
か		鎌					会	
き							息	
み	闇					海		道
や		山						
す								

そのまま説明基本ルール

① 8×8のマスを書きましょう。

② まずは縦に自分の名前をひらがなで書きましょう。

③ 次に横に隣の人の名前をひらがなで書きましょう。

④ 交差するところの2文字を使って読める漢字を書きます。
音読みでも、訓読みでも良いです（①～④、黒板に図示します）。

⑤ 2分間でどちらが多く書けるか勝負しましょう。

⑥　2分経ったら答え合わせをしましょう。合っているかどうかわからないときには先生のところに2人で持ってきましょう。

2回目以降の工夫

⑴　ペアを変える
⑵　1枚の紙を使って交互に書いていく
　交互に書いていくことで書けなくなったら負け、という形で勝負にします。これもどんどんペアを変えていくのがおすすめです。
⑶　辞書を使って良いことにする
⑷　4人グループで行う

	や	ま	ぐ	ち	こ	う	た	
た								た
な								に
か								げ
こ								ん
う								き
き								
	さ	い	と	う	か	ほ		

―――子どもたちを育てる応用・発展のポイント―――
　これは漢字をたくさん知っているから面白い、という面もあります。5年であれば3学期に行うのがおすすめです。6年生では4月や5月、そして卒業間際なども良いでしょう。

7 辞書引きゲーム

対象 小学生～　所要時間 5分　場所 教室　準備物 国語辞典

そのまま説明基本ルール

① これから辞書引きゲームをします。

② 先生が言った（書いた）言葉を見つけたら、立ちましょう。

③ 立った人はその言葉の意味を読んで待ちます。

④ （教室の３分の１ほどの児童が見つけたら）近くの人に教えてあげなさい。

⑤ 第１問……。

　国語の授業の導入で行うと、子どもたちは辞書を準備して、国語の授業を楽しみに待つようになります。

(1) 班ごとに競争

　教師の指示した語句を一斉に辞書で引き、見つかったら挙手をします。早い順にポイントをつけます。卓球や剣道などの団体戦のイメージです。班の中の児童は一人ずつ順番に試合に出場します。試合に出ていない児童も辞書を引いてかまいませんが、挙手することはできません。言葉が見つかったら付箋を張っておきます。進出語句が20あっても5周すれば終わりなので、15分もかからずにできます。

(2) 辞書に親しませる実践例「辞書を作る人になったつもりで」

　自分が辞書をつくる人になったつもりで、次の言葉を説明しましょう。

　　①青　　②右　　③猫　　④先生　　⑤美

　ノートに書かせ、発表させます。そのあと、辞書で字を引かせます。辞書を引く前にいったん言葉の意味を考えさせることで、速く辞典で調べたいという気持ちにさせることができます。

子どもたちを育てる応用・発展のポイント

　辞書に慣れ親しむことは、学習の基本です。毎時間の授業の導入で、こうしたゲームを取り入れることによって、子どもは辞書を引くことが大好きになります。辞書に慣れ親しんだ子どもたちは、辞書引き以外の場面でも、進んで辞書を活用するようになります。普段の授業の中でも、日々の生活においても、子どもがさっと辞書を取り出し、知らない言葉を調べるようになります。このように、辞書に慣れ親しむことが、「言葉による見方・考え方」を支える土台となります。

8 向山型漢字探し

 **対象** 2〜6年 **所要時間** 15分 **場所** 教室 **準備物** 筆記用具、ノート

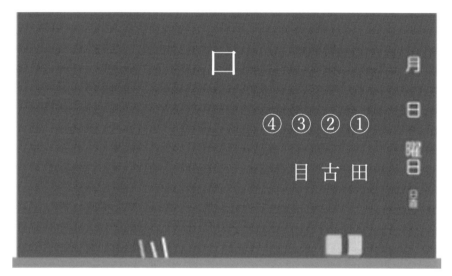

そのまま説明基本ルール

口に二画

① 口という漢字に二画足して、別の漢字を作ります。

② 例えば、何がありますか？（田、古など）

③ 口という漢字に二画足してできる漢字をできるだけたくさんノートに書きます。
書くときには、箇条書きと言って、①田　②古　というように書きます。
何個書けたか一目でわかるようにするためです。では、はじめ。

④ （5分程度経ったら）それでは何個書けたか聞きます。
最も書けた子を指名して、黒板に書かせていきます。もし同じものがあったら
赤で丸をつけましょう。

⑤ 「3つ足せる人？」と聞いて、黒板に全て書かせます。

⑥　3つ足せる人がいなくなったら、以降、「2つ足せる人？」 → 「1つ足せる人？」
とたずね、黒板に書き足させていきます。

　　クラスで全て出し切ったら、次のように話しても良いでしょう。

⑦　このようにみんなで考えれば、1人ひとりの力が合わさってすごく勉強になり
ますね。こうやってみんなで力を合わせていろいろ意見を言い合いながら勉強し
ていきましょう。

2回目以降の工夫

「田に×」から漢字を見つける

　これも先ほどと同じように指導することができます。

　ただしこちらは本当にたくさんの漢字が出てきます。ある程度、これはどうなの
かな？　と思うものも認めてあげることでかなりたくさんのものが出てきます。

── 子どもたちを育てる応用・発展のポイント ──

　漢字を機械的に練習させても、漢字好きな子を育てることはできません。漢字に興
味をもたせるには、漢字の面白さや楽しさを伝える必要があります。本ページで紹介
した「向山型漢字探し」のゲームを行うと、子ども達はとても熱中して漢字を考えて
きます。中には、家に帰ってから、漢字を探し続ける子も出てくるでしょう。そうい
う子をほめて教室で広めてあげることで漢字がより好きになっていきます。

9 「□ー□」で言葉探し

対象 1〜6年　**所要時間** 15分　**場所** 教室　**準備物** 筆記用具、ノート

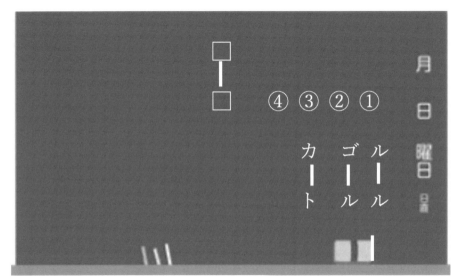

そのまま説明基本ルール

① 「□ー□」四角の中にカタカナを入れて、言葉を探します。

② 例えば、何がありますか？（ルールなど）

③ このような「□ー□」の言葉、できるだけたくさんノートに書きなさい。

④ ○○さん、黒板に全て書いて下さい（指名する子は、その時点で一番たくさん書けている子）。

⑤ ３つ足せる人？（２つ足せる人→１つ足せる人？）と進めていきます。

2回目以降の工夫

２回目以降は、ちょっとずつ変化させて、繰り返します（変化のある繰り返し）。

```
「□ー□ー」       例）ヨーヨー、キーパー　など
「□ー□ー□」     例）ゴーカート、ニューヨーク　など
「□ー□ー□ー」   例）スーパーカー　など
「□ー□ー□ー□」 例）スーパーゴール　など
```

(1)　「□ー□」四角の中にカタカナを入れて、言葉を探します。

(2)　例えば、何がありますか？（ルールなど）

(3)　このような「□ー□」の言葉をできるだけたくさんノートに書きなさい。

(4)　〜さん、黒板に全て書いて下さい（指名する子は、その時点で一番たくさんか
　　けている子が良いでしょう）。

(5)　3つ足せる人？（2つ足せる人→1つ足せる人？）と進めていきます。
　　→どのバリエーションでも、同じパターンで展開することができます。

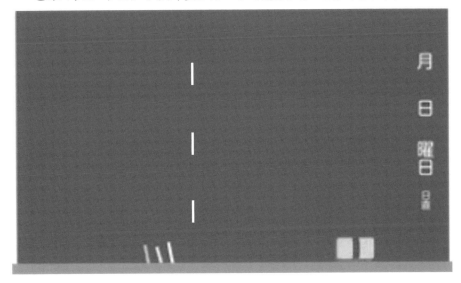

---子どもたちを育てる応用・発展のポイント---

　このように、ちょっとずつ変化させて、出題すると、子どもは熱中します。1日1
つで、別の日に出題して、次の展開を予想させるという出し方もあります。このレク
を終えた後、他にもないかが気になって、家で調べてくる子も出てきます。そういっ
た子たちをほめて、家庭学習を推奨しましょう。

Ⅵ 新教科書と連動！楽しく知識を定着させる 社会科面白ゲーム５選

1 地図記号を使ったフラッシュカードゲーム

対象 3・4年　**所要時間** 5分　**場所** 教室　**準備物** 地図記号フラッシュカード

そのまま説明基本ルール

① 先生の後に続いて読みます（T「学校」→C「学校」→T「神社」→C「神社」……）。

② 今度はみんなだけで読みます（T「(無言、文字の書いていない面を見せる)」→C「学校」→T「(無言、文字の書いていない面を見せます)」→C「神社」……）。

③ この号車の人立ちましょう。読めたら座ります（②と同じ）。

④ この号車の人立ちましょう。先に言えた人が勝ちです（②と同じ）。

※勝敗は教師がすばやく、はっきりと行いましょう。

2回目以降の工夫

フラッシュカードの答えさせ方にバリエーションをつけると盛りあがります。

⑴ **じわじわカード**

ゆっくりとカードを出していき、何のカードかわかったら言わせるゲームです。

⑵　**ひらひらカード**

　カードをひらひらとさせて何のカードか当てるゲームです。

⑶　**一瞬カード**

　カードを一瞬だけちらっと見せて当てるゲームです。

　この３種類を組み合わせながら１対１で対戦をさせます。班やグループの対抗にしても面白いです。

　どちらにせよ、基本ルールと同様に、判定は教師が素早く行うことが重要です。

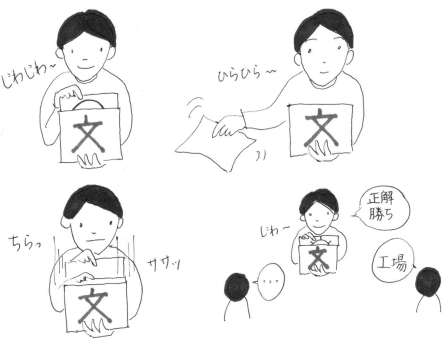

───── **子どもたちを育てる応用・発展のポイント** ─────

　地図記号に慣れ親しむことは、社会科の学習の基本です。毎時間の授業の導入で、こうしたゲームを取り入れることによって、子どもは社会の学習が大好きになります。地図記号に慣れ親しんだ子ども達は、フラッシュカード以外の場面でも、進んで地図を活用するようになります。普段の授業や日常生活の中で、地図を覗き込んだときに、「あ！　学校だ！」「これ、神社だよね？」とつぶやくようにもなります。地図記号に慣れ親しむことが、社会科が好きな子を育てる一歩になります。

2 地名探し

対象 4〜6年　**所要時間** 5分　**場所** 教室　**準備物** 地図帳、赤鉛筆

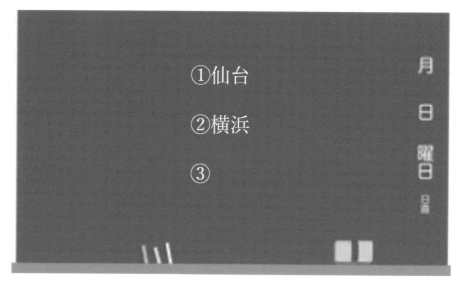

①仙台

②横浜

③

月

日

曜日

日課

そのまま説明基本ルール

①　地図帳○○ページを開きます。

②　先生が地名を選び黒板に書きます。その地名を見つけたら、立ちましょう。

③　立ったら、その地名を赤鉛筆で囲みます。

④　囲んだら、近くの人に教えてあげて下さい。

⑤　第2問……（②〜④を繰り返します）。

　地名探しは、ゲーム性があり、とても楽しいです。毎時間、社会の導入でこの地名探しを取り入れると、子どもは社会の授業を楽しみにするようになり、準備を素早くするようになります。毎回4〜5問程度で構いません。

　初めは教師が地名を出題するが、子どもに出題させるという方法もあります。例えば、教師が問題を出し、最初に見つけた人に、次の問題を出題させる形です。

　初めの数回は、同じ地方で繰り返しましょう。慣れてきたら、別の地方のページに進むようにします。飽きが出てきそうになったら、世界のページに進んでみるのも良いでしょう。

　地名となっていますが、あまりこだわる必要はありません。山の名前や湖の名前なども良いでしょう。子どもが出題したものを認めてあげると、出題の幅が広がって面白くなります。

　教師が出す問題は、「例示」です。見つけやすい地名、見つけにくい地名、面白さや学びのある地名などを出題してあげたいところです。例えば、「横浜」という地名は、神奈川県以外にいくつもあります。関東地方のページでないときに、「横浜」と出題すると、子どもは「え？　神奈川じゃないの？」と興味をひかれます。このようなちょっとした面白さや学びのある問題を、教師が時折出題するのも工夫の1つです。

──────── **子どもたちを育てる応用・発展のポイント** ────────

　毎時間の授業の導入で、こうしたゲームを取り入れることによって、子どもは社会の学習が大好きになります。地図に慣れ親しんだ子どもたちは、地名探し以外の場面でも、進んで地図を活用するようになります。普段の授業の中で、「これはどこだと思いますか？」と教師が問いかけると、子どもがさっと地図帳を取り出す姿も見られるようになります。

❸ アメーバ日本列島

| 対象 | 4～6年 | 所要時間 | 10～15分 | 場所 | 教室 | 準備物 | 紙（ノート）、鉛筆、赤鉛筆、（地図帳） |

仙台　ありました！

そのまま説明基本ルール

① これから「アメーバ日本列島」というゲームを始めます。

② 先攻の人から交代で県のだいたいの形を描きます。自分が書いた県は自分の得点になります。

③ 「自分が書いた（取った）県が、別の県と接していれば1点」です。1つの県

につき1点なので、2つの県なら2点、4つの県なら4点になります。

④ 例えば、青森県だと2点です。神奈川県だと何点ですか？（→3点）

⑤ 地図が完成したとき、自分
の得点を合計して、得点が多
いほうが勝ちです。

得点

⑥ じゃんけんで先攻・後攻を
決めます。

**① 自分が書いた（取った）県が
別の県と接していれば1点**

⑦ 1人が鉛筆、もう1人が赤
鉛筆を持ちます。

**② 1つ県につき1点
4つの県と接していれば4点**

⑧ 先攻の人から交代で県のだ
いたいの形を描いていきましょ
う。では、スタート！

**③ 自分が書いた（取った）県が
海と接していれば1点**

2回目以降の工夫

初めのうちは地図帳を見ながら、描かせても良いです。慣れてきたら、地図帳を
見ずに取り組ませるようにしましょう。

2回目以降は、得点のルールを変えたり、描き始める県の場所を変えたりすると、
飽きずに楽しむことができます。例えば「自分の県が海と接している場合は、＋1
点」とすると、子ども達は海と接する県とそうでない県（内陸部）を意識すること
ができるようになります。

また、県の形を描く際に、都道府県名を漢字で書くというルールを追加すると、
難易度が上がり、チャレンジ性が高まります。

─── **子どもたちを育てる応用・発展のポイント** ───

学習指導要領には、小学校4年生の「知識・技能」として、「都道府県の名称と位
置を理解すること」記されています。ゲームを通じて、「都道府県の名称と位置を理
解すること」、さらには、都道府県名を漢字で書けるようにすることは、小学校社会
科における重要な学習内容です。子どもたちには、社会科の授業はもちろん、こうし
たゲームを通じて、楽しみながら「都道府県の名称と位置」をとらえさせることが、
5年性以降の社会科の学習の基盤となります。

4 古今東西ゲーム〈都道府県名〉

対象 4年〜　**所要時間** 約3分　**場所** どこでも　**準備物** フラッシュカードや地図帳

そのまま説明基本ルール

　まずはフラッシュカードや地図帳を使ってお題に出す地方の都道府県名を復唱させるなどして言わせていきます。地図帳を使うとしたら次のように行います。

①　日本列島全体が見られるページを開きましょう。

②　関東地方を指で押さえましょう。

③　先生の言った場所を指で押さえます。「千葉県」

④　みんなも言いながら指で押さえましょう。「千葉県」
　　一通りやってから、1つの班を指名し、見本をさせます。

⑤　古今東西ゲームをやります。1人が「古今東西」と言ったら班のみんなで「イェーイ！」と言いましょう。やってみてください。

⑥　そのあと1人が「関東地方」と言って、みんなで手拍子を2回します。

⑦　そしてお題を出した人の隣の人（時計回りに進む）が関東地方の都県名を言い手拍子を2回します。

⑧　そうやって、班のみんなでかぶらないように1周できたら成功です！　では、やってもらいましょう。

　　※できたら大いにほめましょう。

⑨　ではそれぞれ班ごとにやってみましょう。

2回目以降の工夫

⑴　**その地方の全ての都道府県名が出るまでやる**

　関東地方であれば、7つの都県があります。それを全て言えたら成功、という風に難易度を上げることもできます。

⑵　**地方を変える**

　今日は東北地方にします！　など、変化をつけていきます。基本のルールでやってから、⑴の方法をとるなど、難易度にも変化をつけることで知的になっていきます。

⑶　**クラス全体で全国版**

　班を超えて、クラス全体で行うこともできます。

　子どもたちに順番に言わせていき、教師はかぶってはいないか地図を見てチェックしていくのも良いでしょう。

　全員かぶらずに言えたときは達成感があります。

　ただし難易度が高いので、全ての地方の学習が済んだ後がおすすめです。

―――――――　**子どもたちを育てる応用・発展のポイント**　―――――――

　班ごとの楽しい活動です。ただし詰まって言えなくなってしまうこともあるでしょう。間違える子もでるでしょう。そのときに子どもたちがあたたかい対応ができるようにしていきます。

　「もし間違えちゃったり、言えなかったりした場合は、手拍子を2回して、みんなでドンマイと言ってあげましょう！」とすると、明るくなります。あくまでみんなで協力して言えるのを楽しむゲームです。

　6年生では歴史人物などでやっても面白いです。

⑤ 東西南北ゲーム

| 対象 3年 | 所要時間 約1分 | 場所 どこでも | 準備物 なし |

北　　　　東　　　　西　　　　南

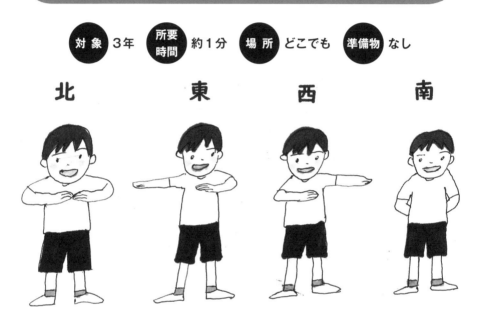

そのまま説明基本ルール

　北の位置に子どもを向かせるようにします。まず「こちらが北です」と教えてあげましょう。

① 先生の真似をします。

② 右手を伸ばしながら「東」。※子どもは右手を伸ばします。

③ 左手を伸ばしながら「西」。※子どもは左手を伸ばします。

④ 後ろに手をやって「南」。※子どもは手を後ろにやります。

⑤ 前に手をやって「北」。※子どもは手を前にやります。

⑥ こうやって応援団のように、東西南北を言えるようにします。

⑦ 自分で言えるように練習しましょう。

⑧ 一番速く言えた子が勝ちです。用意、スタート！

　授業の最初に先ほどの活動を行ってから次のような変化をつけます。

(1)　教師が場所を言う

「黒板の方角は？」「窓の方角は？」など、様々な場所について瞬時にクイズを出すようにします。

　その際、子どもたちには先ほどのジェスチャーをさせると盛りあがります。

(2)　教師と勝負をする

　子ども1人を指名して、場所を言わせます。

　子ども「廊下側は？」、教師と子ども「東！」などです。

　1人ひとり順番に出させていっても楽しいです。

(3)　子ども対子どもで勝負

　班になり、1人に問題を出させます。最初に正解した子を次の出題者にします。

── 子どもたちを育てる応用・発展のポイント ──

　楽しく東西南北を覚えることを最優先にゲームを行います。教師との勝負では、教師がわざと負けてあげる場面を作ると盛りあがります。地図の上を北として地図上のものを示しながら、東西南北ゲームを行うと知的になります。

VII 新教科書と連動！ 楽しく知識を定着させる
理科面白ゲーム３選

① フラッシュカードゲーム

 対象 ３〜６年 所要時間 ５分 場所 教室 準備物 理科の知識に関するフラッシュカード、新聞

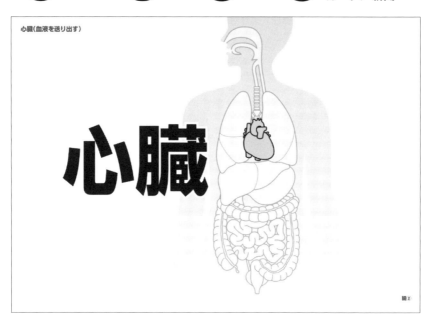

心臓（血液を送り出す）

臓 z

そのまま説明基本ルール

　フラッシュカードは授業の導入時に使える教具です。このページでは理科フラッシュカードを楽しみながら扱う方法を紹介します。

【フラッシュカードの基本的な使い方】

① 　後ろから前へカードを送ります。

② 　５枚程度持つようにします（多すぎると時間がかかります）。

③ 　まずは追い読みをします。先生の後について読ませることでゲームに必要なフラッシュカードの知識を入れます。

④ 　子どもたちがカードを見て言えるようになったらゲームに入ります。

⑴ **じわじわカード（クイズ）**

　ゆっくりとカードを出していき、何のカードかわかったら言わせるゲームです。

⑵ **ひらひらカード（クイズ）**

　カードをひらひらとさせて何のカードか当てます。

⑶ **一瞬カード（クイズ）**

　カードを一瞬だけちらっと見せて当てます。

　上記を１対１で対戦させます。班やグループの対抗にしても面白いです。どちらにせよ、判定は教師が素早く行うことが重要です。

━━━━━ 子どもたちを育てる応用・発展のポイント ━━━━━

　対戦を行う際は、おとなしい女の子や支援を要する子が勝てるような組み立てで行うことが重要です。また、勝敗の判別がつきにくいときに勝ちを譲った子がいたら見逃してはいけません。すかさず、「今、勝ちを譲ったね。素晴らしいよ」とほめてあげることが重要です。正進社のフラッシュカードはたくさんの種類が出ています。

　３年生：昆虫・植物／４年生：星座・人体／５年生：植物の体／６年生：人体　などどれも必要な知識です。学年に関わらず、どの学年でも取り組むことができます。

② 生き物ビンゴ

 対象 3年　 **所要時間** 45分　 **場所** 校庭　 **準備物** ビンゴカードの枠（画用紙、3×3の枠）、探検ボード、色鉛筆

【カードの作り方】

　それぞれの枠に形、色、大きさ、匂いなどの手がかりを書きます。

　真ん中は自分のお気に入りとして校庭で見つけたお気に入りを書かせます。

そのまま説明基本ルール

① 　先生がキーワードをビンゴカードの枠に書きました。校庭に出て、見つけた生き物のイラストを描きます。

② 　たて、横、ななめのいずれか3つが揃ったら、ビンゴです。

③ 　時間内でいくつビンゴができるかやってみましょう。

　春が一番生き物が見つけやすいので、実施しやすいが、他の季節でも行うことができます。

　以下にビンゴカードの例をのせます。

夏の生き物	鳴き声がある	植物の葉を食べる	食べられる実
	水の中の生き物	お気に入り	樹液を吸う生き物
	白い花	紅葉する葉	赤い(ピンク)の花

夏の生き物	黄の葉	冬眠する生き物	きのみⅠ
	地面を歩く昆虫	お気に入り	飛んでいる昆虫
	食べられるきのみ	紅葉していない葉	赤の葉

冬の生き物	生き物が住んでいた穴	冬なのに枯れていない植物	冬眠をしている昆虫
	植物のつぼみ	お気に入り	枯れた草
	冬眠をしていない昆虫	生き物の卵	枯れた木の枝

─────── 子どもたちを育てる応用・発展のポイント ───────

　時間を決め、子どもたちを集めてどこに生き物がいたかを共有するとうまく生き物を見つけることができなかった子も生き物を見つけることができます。またイラストに時間がかかってしまう子には鉛筆だけでイラストを描いて良いと伝えてあげることでビンゴをスムーズに楽しむことができます。

　児童用の小さい植物図鑑、昆虫図鑑を持たせることができれば、それを元に探す活動もできます。9つのマスに春の生き物や植物を書かせます。そしてそれを外に探しに行く、という活動もできます。この際も、児童用の小さい植物図鑑、昆虫図鑑があれば活動の幅も広がります。

3 理科室探検

対象	4年～	所要時間	45分	場所	理科室	準備物	理科室の道具表の一覧、ノート

そのまま説明基本ルール

① 今日は理科室探検をします。

② 理科室にある道具全てをノートに書きます。ノートに書くときは①、②……というふうに最後に数がわかるように番号を振っていきましょう。

③ 戸棚はそっと開けて、中のものを触ってもかまいません。

④ 名前のわからないものは道具の一覧を見て書きなさい。

⑤ 時間になったので元の席に戻ります。

⑥ 他の班とノートを見せ合って見つけられなかったものを写しなさい。

【ノートの例】

○月○日 理科室探検 見つけた道具 ① コマゴメピペット ② ビーカー ③ スポイト ④ ガスバーナー ⑤ マッチ ⑥ 人体模型 ・ ・ ・	理科室を探検しているイラストも

子どもたちを育てる応用・発展のポイント

　４年生から本格的に理科室を使用していくことになります。

　理科の授業では全ての実験道具を教師が用意しておかないようにします。

　子どもたちに取りに行かせるようにするための理科室探検であることを子どもたちに言ってから活動させるようにしましょう。

　子どもたちは今回の理科室探検でどこに何があるのかがわかるようになります。

　ただし一方で、当然理科室にはわかりやすいラベルが貼ってあることも大切です。

　また、安全指導も大変重要なことです。

　椅子をしまってから活動させるようにしましょう。

　そして最後に教科書にも載っているはずです。理科室にも掲示してある、理科室の決まりを子どもたちと読み合わせを行います。

　可能であれば火の扱いについても教えてあげたいところです。

　マッチを使用するときには、空き缶（から入れ）、ぬれぞうきんを用意すること、それからマッチの使い方を教えます。

　１人ずつやって火をつける体験をさせてあげましょう。できない子には教師が後ろからついて一緒にやってあげましょう。そうすると火への恐怖も取りのぞいてあげることができます。

Ⅷ

新教科書と連動！ 楽しくアルファベットを定着させる

英語面白ゲーム５選

1 Ordering 〈アルファベットカード〉

 3〜6年 5分  校庭 アルファベットカード、ABC Song の拡大歌詞カード

そのまま説明基本ルール

① Let's sing ABC song!（アカペラでも歌うことができる）

② 机にアルファベットカードをバラバラにして置かせます。そして、子どもたち
を集めて、Let's play ordering! と言い、やって見せます。

このとき教師が実際に歌いながらやって見せると良いです。実際に子どもたちに
やらせるときには歌を歌いながらやらせることを推奨し、ほめていきます。

③ まずは簡単な大文字から行いましょう。

④ It's a race! Ready? Go! と言い、ゲームをスタートします。

⑴ **小文字にも慣れ親しませることができる**

　同様の流れで、小文字でも行うことができます。始めのころは、子どもたちは黒板を確認しながらやっていくことになります。黒板に掲示しておく「ABC song」を小文字のものに変更しておく必要があるでしょう。

⑵ **大文字と小文字を一致させることもできるようになってくる**

　そしてさらに子どもたちに身に付けさせていきたいのが、大文字と小文字を一致させることです。

　まず1回戦目に大文字を行います。そして2回戦で並べた大文字の下に小文字のカードを並べさせていきます。そうすると自然と子どもたちが大文字と小文字を一致させていくことができます。

━━子どもたちを育てる応用・発展のポイント━━

　あくまでグループでの活動になるので、教師は子どもたちの様子を見て回る必要があります。「歌いながら並べているか」という点に気をつけて見るようにしましょう。そうすることで順番をきちんと認識できるようになっていきます。

　並べ終わったグループには「何番目？」という活動をさせるのがおすすめです。すぐにできて空白を埋めることができます。

① 　じゃんけんでリーダーを決めます。

② 　リーダーが数字を言います。

③ 　その数のアルファベットを答えます。

④ 　最初に答えた人が次のリーダーになり、問題を出します。

　例）リーダー：「15th」、回答者：「○○!」、リーダー：「That's right! Your turn!」

② **Writing on the back**〈背中文字〉

対象 3〜6年　所要時間 5分　場所 教室　準備物 なし

そのまま説明基本ルール

① Let's play writing on the back!

② 1グループ4〜5人に分かれて列になります（生活班で良いです）。

③ 「これから背中にアルファベットを書いて伝えていきます。正しく伝われば1ポイントです。もちろん一切しゃべってはいけませんよ」

④ 「先頭の人は集まりましょう」と指示し、先頭の子を集めます。

108

⑤　先頭の子にお題となるアルファベットを1つ教えます（例：Aなど）。

⑥　最後の子まで伝わったら、最後の子は「OK!」と言ってくださいね。

※このゲームを行う際は、アルファベットの書き順を含めて「きちんと書くように」と教えます。学習した数文字をきちんと覚えられたか、という活動として行うのも良いです。

2回目以降の工夫

⑴　**会話を増やすコツ**

　もう一度書いてほしいときには相手を見て「One more time!」と言ってみましょう、と教えましょう。そうすることで、子どもたちは自然と表現に慣れ親しむことができるようになります。

⑵　**さらなるレベルアップ**

　何度も書いてもらうのは時間がかかります。そこで書いてもらうのは2回まで、というルールを付け加えてみましょう。集中して理解しようとするようになります。時間も短くなり、テンポよく進めることができるようになります。

―――― 子どもたちを育てる応用・発展のポイント ――――

　出す問題のレベルを上げることも重要です。大文字ができるようになったら小文字での活動もできるようになります。

　その際次の4種がとても難しいです。子どもたちにはこれらの違いがわかるようになったら小文字は完璧だよ、と励まして出題するようにしましょう。

①　a か d か　　　②　q か g か

③　l か i か j か　　④　h か n か r か

③ Pelmanism〈神経衰弱〉

対象 3〜6年　所要時間 5分　場所 教室　準備物 アルファベットカード

① Let's play Pelmanism! It's 神経衰弱！
② Make group of four.（生活班で良いです）。
　※4人1組にして、2人分のアルファベットカードを使います。
③ Turn the cards over.
④ Face down. Mix the cards.
⑤ 英語の勉強なので、めくった字はきちんとみんなで言うようにしましょう。そうすると、どんどん英語を覚えていくことができます。

⑥ Let's start!

２回目以降の工夫

⑴ 小文字でも行ってレベルアップ

大文字に慣れてきたら、小文字でもやっていきましょう。１日目が大文字、２日目が小文字、という変化のつけ方でも良いでしょう。

⑵ さらなるレベルアップ「大文字と小文字のマッチング」

大文字と小文字をマッチングさせることがこのゲームの最終ゴールです。大文字と小文字のカードを使用させましょう。

子どもたちを育てる応用・発展のポイント

こういったアルファベットを使用した活動の前には歌などで一度復習したり、Ａ〜Ｚまで通して発音したりしておくなどの配慮が必要です。何度も目にしたことがある、というのがポイントです。その上にこういった遊びの活動があります。

子どもたちはゲームに慣れてくると、発音をせずにゲームをしようとします。そうなったときには教師が一度ゲームを止めましょう。

ゲームを止めたのち、「これは英語の勉強だから、しっかり発音しようね」と何度でも教えて発音するようにさせます。もしくは意図的に、次のようなやり取りをさせていくのも良いです。

例）めくった子：「What's this?」　まわりの子たち：「It's D!」

少しやりとりを入れながら遊んでも盛りあがります。

4 Slap 〈カルタとり〉

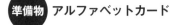

対象 3〜6年　所要時間 5分　場所 教室　準備物 アルファベットカード

そのまま説明基本ルール

① Let's play Japanese playing cards! It's カルタゲーム！

② Make group of four.（生活班で良いです）

※全員を１つのグループに集め４人１組にして、説明を始めます。
１人のアルファベットカードを使います。

③ Face up. Mix the cards . Hands on your head!

※それでどんどんアルファベットを言っていきます。はじめは２回ずつ言いましょう。まずは大文字から始めると抵抗感が少ないです。そして３枚とったあたりで次のように言います。

④　カードをとるときに、そのアルファベットを言うようにしましょう。Let's start!

そうすることで子どもたちが英語を話す時間が増えます。

2回目以降の工夫

次のようにすると大文字と小文字、両方とも学ぶことができます。

① Put the capital letters in the middle.

② Spread the small letters out.

③ Face up.

④ Do "rock, scissors, paper, go!"

⑤ Who's the winner?　Winner, take a card.

⑥ Say the capital letter.

⑦ Find the small letter.

⑧ New winner, take a card.

　このように大文字のカードを引き、それを読み、周りの子が取ります。取った子のカードが合っているか、読んだ子が判定します。合っていれば「That's right!」などの表現を教えてあげましょう。

　そして取れた子が大文字のカードを読む、という要領です。

─── 子どもたちを育てる応用・発展のポイント ───

　他のゲーム同様、子どもたちはゲームに慣れてくると、発音をせずにゲームをしようとします。そうなったときには教師が一度ゲームを止めましょう。ゲームを止めたのち、「これは英語の勉強だから、しっかり発音しようね」と教えましょう。

5 Go Fish

対象 3〜6年　所要時間 5分　場所 教室　準備物 アルファベットカード（小文字と大文字1セットずつ）

そのまま説明基本ルール

① Let's play Go Fish!

② Make group of four.（生活班で良いです）。

※全員を1つのグループに集め、説明を始めます。

1人のアルファベットカードを使いましょう（大文字、小文字セットで使用）。

③ 大文字、小文字のカードを合わせて混ぜます。

④ 1人5枚になるように配りましょう。残りは集めて山にしておきます。

Do you have big A?

⑤ じゃんけんして勝った人から時計回りで進めていきます。

⑥ 勝った人が誰でもいいのでほしいカードを持っているか聞きます。
「Do you have big A?」

⑦ 聞かれた人は、持っていたら必ず「Yes, I do.」と言ってそのカードをあげましょう。嘘をついてはいけません。

⑧ そしてペアが揃ったら、そのペアを自分の前に置きます。カードを前に置いて、5枚より少なくなってしまったら、5枚になるように山から補充します。

⑨ もし尋ねられたカードがなかったら、「No, I don't. Go Fish!」と言って、聞

いた人が山から1枚とります。

⑩　そこでもし揃ったらペアを自分の前に置くことができます。カードが5枚より少なくなってしまったら、5枚になるように山から補充します。

　※ルールが複雑なので、1つのグループに見本を見せ、全員でやりかたを確認しましょう。英語の授業ですが、ルールをきちんと覚えるまでは日本語でルールを説明して構いません。やり取りが英語できちんとできるようにさせましょう。

⑪　山のカードがなくなったら、ゲーム終了です。自分の前に置いたカードが多い子の勝ちとなります。

2回目以降の工夫

　1回目にしっかりルールを覚えさせましょう。

　そうすると2回目は「Let's play Go Fish!」と言えばできるようになります。教師がしゃべらなくても子どもたちはルールを理解していますので、どんどん子どもたちだけでやらせていくようにします。

　教師は子どもたちがきちんと「Do you have big/small A/a?」などと聞けるように何度かリピートさせて練習させましょう。そうしてからスタートすることで子どもたちも安心してゲームができます。

子どもたちを育てる応用・発展のポイント

　他のゲーム同様、子どもたちはゲームに慣れてくると、発音をせずにゲームをしようとします。そうなったときには教師が一度ゲームを止めましょう。ゲームを止めたのち、「これは英語の勉強だから、しっかり発音しようね」と教えましょう。

　特に今回は「Do you have big A?」という聞き方もするので子どもたちにとっては少し負荷がかかります。そこで「グループのみんなで教え合いながら英語を話せるようにしていきましょう」と話します。そして教え合っているグループの子どもたちをほめるようにします。わからなければ助け合う、と言うのは英語の学習でとても役に立ちます。そういう子どもたちを増やすこともできます。

　グループで助け合いながらゲームをさせる。これが子どもたちを育てるポイントです。

あとがき

　Ａ君は友達と上手に接することができませんでした。
　遊びたいな、と思うと悪口を言ったり、ちょっかいを出して、友達を困らせてしまっていました。
　そんなＡ君を周りの子はいやだな、と思っていました。

　Ａ君は学習もあまり得意ではありませんでした。
　集中できる時間が短く、たくさんのことを覚えたり、意見をしっかり言ったりすることが苦手だったのです。
　授業中にもあまり活躍する場面もありませんでした。

　４月、Ａ君の表情はどこか自信がないように見えました。

　しかし、ある時、社会科の授業で行った地図記号フラッシュカードゲームで彼は大活躍しました。
　Ａ君がいくつも連続で正解し、そのチームが勝ったのです。
　それ以来、Ａ君は、「地図記号のＡ君」と呼ばれるようになりました。
「先生！　明日の社会もフラッシュカードやるよね！」と、Ａ君は社会科の授業を心待ちにするようになりました。

友達からも認められ、自信をつけていきました。

　認められ、自信をつけたＡ君はそのほかの場面でも変化が見られるようになっていきました。
　Ａ君は遊びでも徐々にルールが守れるようになっていったのです。
　友達とも上手に遊べるようになっていったＡ君は休み時間にも友達と遊ぶようになりました。

　学習ゲームの良さ、素晴らしさを心から実感した瞬間でした。
　これは私だからできた、とは思っていません。
　学習ゲームやレクは子どもたちを大きく成長させることができるコンテンツなのだと実感しました。

　子どもたちが知識を覚え、友達との接し方も変わっていく。
　こういった事実が全国各地で次々と生まれていくことを願っています。

　　　　　　　　　　　　　　　　　　平山　靖

○編著者紹介

平山 靖（ひらやま　やすし）

1984年千葉県生まれ。2008年4月より、千葉県小学校勤務。研究主任を中心に、様々な分野で仕事をする。
英語教育推進リーダー中央研修を受け、平成30年度より「魅力ある授業づくりの達人」【外国語活動・外国語】を務める。
英語授業の講座だけでなく、STEAM教育、学級経営、授業づくりなどの講座も多数務めている。

TOSS青年事務局

水本和希　（横浜市立美しが丘西小学校教諭）
村上　諒　（大和市立南林間小学校教諭）
岡田健太郎（足立区立大谷田小学校教諭）
小島庸平　（三鷹市立羽沢小学校教諭）
並木友寛　（我孫子市立根戸小学校教諭）

辻野裕美　イラストレーター

●楽しいクラスづくりの法則①
面白レク&学習ゲーム55選

2020年6月20日　初版発行

編 著 者　平山 靖
イラスト　辻野裕美
発 行 者　小島直人
発 行 所　株式会社 学芸みらい社
　　　　　〒162-0833 東京都新宿区箪笥町31 箪笥町SKビル
　　　　　電話番号 03-5227-1266
　　　　　http://www.gakugeimirai.jp/
　　　　　e-mail : info@gakugeimirai.jp
印刷所・製本所　藤原印刷株式会社
企　　画　樋口雅子
校　　正　渡部恭子
装　　丁　小沼孝至
本文組版　星島正明

授業の腕が上がる新法則シリーズ　全13巻

監修：谷 和樹（玉川大学教職大学院教授）

新指導要領対応！

新教科書による「新しい学び」時代、幕開け！
2020年度からの授業スタイルを「見える化」誌面で発信！

4大特徴

| 基礎単元＋新単元をカバー | 授業アイデア＆スキル大集合 |
| 授業イメージ、一目で早わかり | 新時代のデジタル認識力を鍛える |

◆「国語」授業の腕が上がる新法則
村野 聡・長谷川博之・雨宮 久・田丸義明 編
978-4-909783-30-1 C3037　本体1700円（＋税）

◆「社会」授業の腕が上がる新法則
川原雅樹・桜木泰自 編
978-4-909783-32-5 C3037　本体1700円（＋税）

◆「算数」授業の腕が上がる新法則
木村重夫・林 健広・戸村隆之 編
978-4-909783-31-8 C3037　本体1700円（＋税）

◆「理科」授業の腕が上がる新法則※
小森栄治・千葉雄二・吉原尚寛 編
978-4-909783-33-2 C3037　本体2400円（＋税）

◆「生活科」授業の腕が上がる新法則※
勇 和代・原田朋哉 編
978-4-909783-41-7 C3037　本体2500円（＋税）

◆「音楽」授業の腕が上がる新法則
関根朋子・中越正美 編
978-4-909783-34-9 C3037　本体1700円（＋税）

◆「図画工作」授業の腕が上がる新法則
1〜3年生編※
酒井臣吾・谷岡聡美 編
978-4-909783-35-6 C3037　本体2400円（＋税）

◆「図画工作」授業の腕が上がる新法則
4〜6年生編※
酒井臣吾・上木信弘 編
978-4-909783-36-3 C3037　本体2400円（＋税）

◆「家庭科」授業の腕が上がる新法則
白石和子・川津知佳子 編
978-4-909783-40-0 C3037　本体1700円（＋税）

◆「体育」授業の腕が上がる新法則
村田正樹・桑原和彦 編
978-4-909783-37-0 C3037　本体1700円（＋税）

◆「道徳」授業の腕が上がる新法則
1〜3年生編
河田孝文・堀田和秀 編
978-4-909783-38-7 C3037　本体1700円（＋税）

◆「道徳」授業の腕が上がる新法則
4〜6年生編
河田孝文・堀田和秀 編
978-4-909783-39-4 C3037　本体1700円（＋税）

◆「プログラミング」授業の腕が上がる新法則
許 鍾萬 編
978-4-909783-42-4 C3037　本体1700円（＋税）

各巻A5判並製
※印はオールカラー

激動する社会の変化に対応する教育へのパラダイムシフト —— 谷 和樹

　PBIS（ポジティブな行動介入と支援）というシステムを取り入れているアメリカの学校では「本人の選択」という考え方が浸透しています。その時の子ども本人の心や体の状態によって、できることは違います。それを確認し、あくまでも本人にその時の行動を選ばせるという方法です。これと教科の指導とを同じに考えることはできないかも知れません。しかし、「本人の選択」を可能にする学習サービスが世界的に広がり、増え続けていることもまた事実です。

　また、写真、動画、Webページなど、全教科のあらゆる知識をデジタルメディアで読む機会の方が多くなっているのが今の社会です。そうした「デジタル読解力」について、今の学校のカリキュラムは十分に対応しているとは言えません。

　子どもたち「本人の選択」を保障する考え方、そして幅広い「デジタル読解力」を必須とする考え方を公教育の中で真剣に考える時代が到来しつつあります。

　本書ではこうしたニーズにできるだけ答えたいと思いました。

　本書の読者のみなさんの中から、そうした問題意識をもち、一緒に研究を進めていただける方がたくさん出てくださることを心から願っています。